Hefei Huang (黄鹤飞) und Dieter Ziethen

Chinesisches Schriftzeichenwörterbuch

Die häufigsten 1.300 Schriftzeichen
mit Strichreihenfolge, Pinyin und Bedeutung

汉字笔画典集

最常用的 1.300 个汉字
的笔画、拼音和德语意思

2. Auflage

Hefei Huang Verlag

Allgemeine Information

Autoren: Hefei Huang (黄鹤飞)
Dieter Ziethen

Satz: Shuangyan Li (李双燕)
Dieter Ziethen

Coverdesign: sanshi studio

Bibliografische Information der Deutschen Bibliothek: Die Deutsche Bibliothek verzeichnet diese Publikation in der Deutschen Nationalbibliographie. Detaillierte bibliografische Daten sind im Internet über http://dnb.ddb.de abrufbar.

ISBN 978-3-940497-80-2, 2. Auflage

Gedruckt in Deutschland

Inhaltsverzeichnis

Chinesische Schrift

Chinesisch ist eine Zeichenschrift. Es ist nicht genau bekannt, wie viele Schriftzeichen es gibt. Die Gesamtzahl sämtlicher Schriftzeichen inklusive Varianten wird auf über 60.000 geschätzt, von denen ein Großteil heutzutage kaum noch Anwendung findet. Im chinesischen Alltag genügt es allerdings, ungefähr 3.000 Schriftzeichen zu beherrschen. Damit ist es möglich, eine chinesische Tageszeitung zu verstehen. Von diesen werden ungefähr 1.000 Schriftzeichen besonders oft verwendet. Sie stellen damit ein gutes Lernziel dar, um im Alltag gut klarzukommen.

Das vorliegende Buch deckt mit 1.300 Schriftzeichen die gängigsten Alltagszeichen ab und umfasst die Schriftzeichen aller Vokabeln vom HSK 1 bis zum HSK 4 und die der Buchreihen „Unvergessliches Chinesisch", „Vorbereitung HSK-Prüfung", „Ziel HSK" und „Chinesische Handelskorrespondenz".

Schreibrichtung

Die moderne chinesische Schrift wird wie bei uns von links nach rechts geschrieben. Das war nicht immer so. Erst 1949 wurde diese Schreibrichtung eingeführt. Am 1. Januar 1955 erschien in China die erste Zeitung, die von links nach rechts mit waagerechten Zeilen gedruckt war.

Vor 1949	Seit 1949
这本书告诉 我们怎么写 汉字。写汉 字很好玩。	这本书告诉我们怎么写汉字。 写汉字很好玩。

Vorher schrieb man senkrecht. Die erste Spalte wurde rechts begonnen und der Text dann spaltenweise nach links fortgeführt. Eine Erklärung dafür bietet ein Blick in die Geschichte. Die ersten Bücher wurden in China auf Bambusstreifen geschrieben. War ein Streifen vollgeschrieben, wurde ein weiterer Streifen links danebengelegt bzw. die Rolle mit den Bambusstreifen weiter aufgerollt. Während die rechte Hand schrieb, handhabte die linke Hand die Bambusrolle. So ergibt sich automatisch die Logik, den ersten Bambusstreifen rechts zu beginnen.

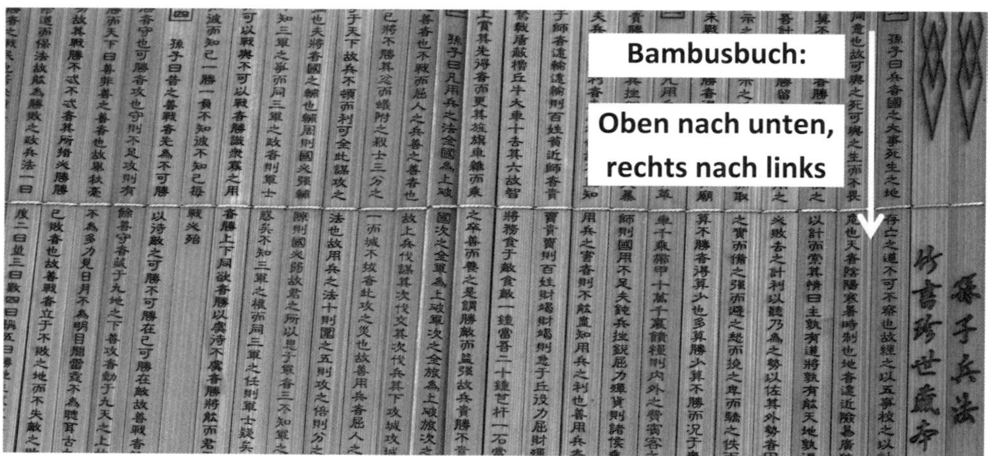

Foto: Shupian, Adobe Stock

Diesem Prinzip der senkrechten Schreibrichtung und den von rechts nach links angeordneten Spalten begegnet man auch noch heute:

Auf Tempeln in China sieht man viele Texte, die von rechts nach links gelesen werden. Die Schreibrichtung folgt hier noch dem von rechts nach links geschriebenen Bambusbuch.

Foto: Dieter Ziethen

Auch findet man in Japan, Taiwan und Hongkong noch viele Bücher, die senkrecht geschrieben sind und von rechts nach links gelesen werden.

Diese Bücher haben den Buchrücken rechts. Die Titelseite des Buches befindet sich an der Stelle, an der bei uns die Buchrückseite ist.

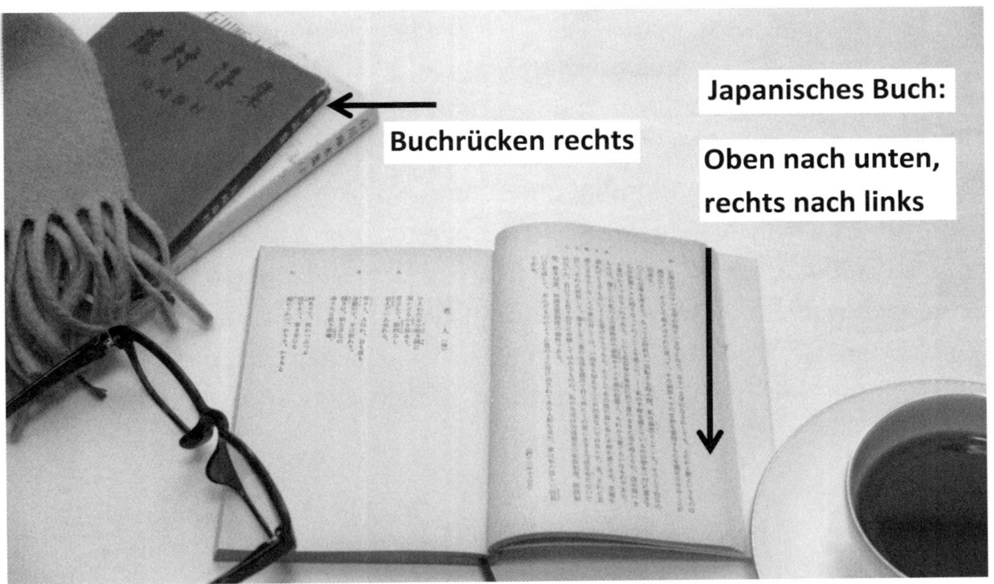

Foto: Ka-Chan, Adobe Stock

Kurz- und Langzeichen

Im Laufe der Geschichte haben die chinesischen Schriftzeichen immer wieder eine Überarbeitung erfahren. Eine intensive Überarbeitung fand in der zweiten Hälfte des vergangenen Jahrhunderts in Festland-China statt. Die daraus entstandenen vereinfachten Zeichen werden als Kurzzeichen bezeichnet. Die ursprünglichen, nicht vereinfachten Zeichen, die noch in Taiwan, Japan und Hongkong verbreitet sind, werden Langzeichen genannt. Da von der UNO als offizielle chinesische Schrift die Kurzzeichen festgelegt wurden und über 1 Milliarde Chinesen die Kurzzeichen benutzen, konzentriert sich dieses Buch auf die Vermittlung der Kurzzeichen.

Langzeichen	馬	魚	門	車	話
Kurzzeichen	马	鱼	门	车	话
Bedeutung	Pferd	Fisch	Tür	Wagen	Rede

Radikale

Ein Schriftzeichen kann aus einem Symbol bestehen oder aus mehreren Symbolen zusammengesetzt sein. Mit dieser Grundregel vereinfacht sich das Lernen deutlich, da sich viele Symbole oft wiederholen. Um die große Menge der Schriftzeichen ordnen zu können, wurde in jedem Schriftzeichen ein Symbol oder ein Teil eines Symbols als klassifizierend identifiziert. Dieses klassifizierende Element nennt man Radikal. In vielen Fällen ist das Radikal ein Teilsymbol eines Schriftzeichens und gibt einen Hinweis auf dessen Bedeutung. In seltenen Fällen ist ein komplettes Schriftzeichen oder auch nur der erste Strich des Schriftzeichens das Radikal. Insgesamt gibt es ca. 227 Radikale, mit denen die chinesischen Schriftzeichen gruppiert werden. Für den Spracherwerb ist es nicht notwendig, alle auswendig zu lernen.

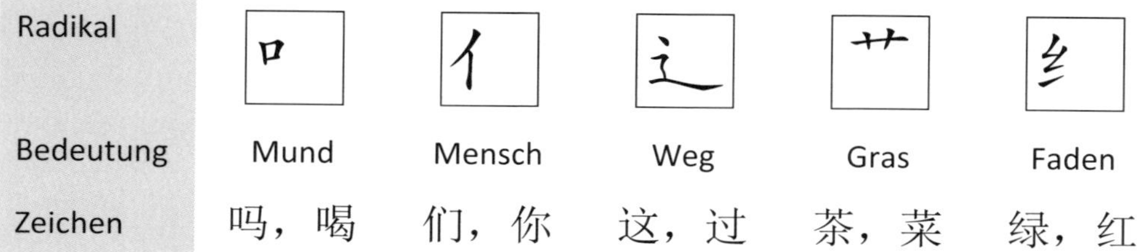

Radikal	口	亻	辶	艹	纟
Bedeutung	Mund	Mensch	Weg	Gras	Faden
Zeichen	吗，喝	们，你	这，过	茶，菜	绿，红

Grundformen

Die Zusammensetzung der chinesischen Schriftzeichen folgt 11 Grundformen, die die Struktur eines Schriftzeichens beschreiben. Die Grundformen unterscheiden sich durch die Position des Radikals im Schriftzeichen.

Die 11 Grundformen sind in der unten stehenden Tabelle zusammengestellt. Die grauen Flächen markieren die Bereiche, in denen das Radikal eines Schriftzeichens steht. Vergleicht man die Grundformen und die aufgeführten Beispiele, wird bei den ersten zehn Grundformen leicht der Bezug zwischen Form und Schriftzeichen ersichtlich. Einen Sonderfall nimmt die elfte Grundform in der untersten Zeile der zweiten Spalte ein. Ihr ordnet man ein Schriftzeichen zu, wenn ein Schriftzeichen sich nicht in Komponenten zerteilen lässt.

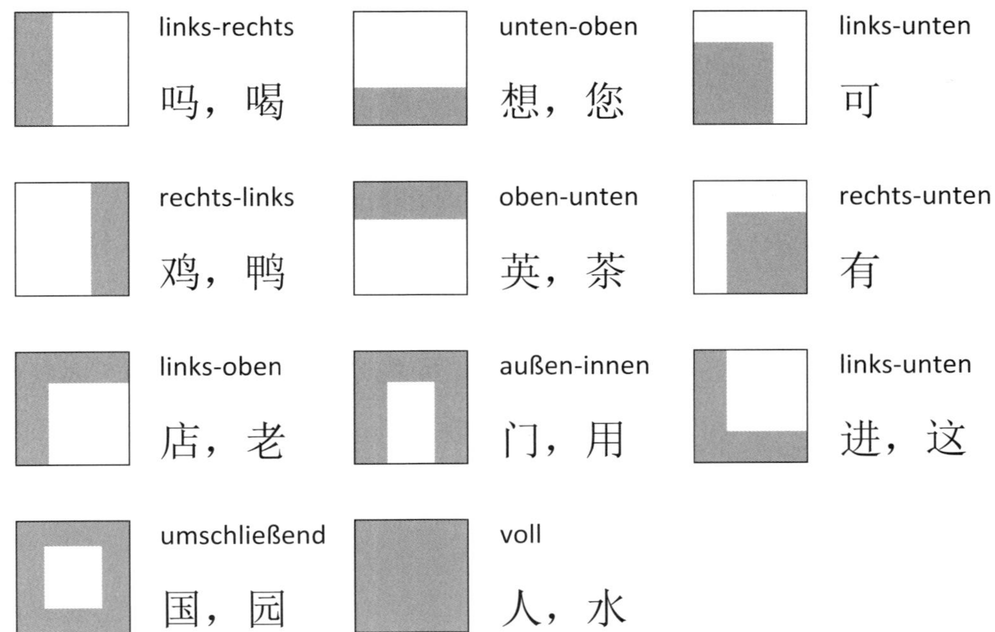

Strichzahl

Eine weitere Art, Schriftzeichen zu ordnen, ist die Anzahl der Striche, mit denen ein Schriftzeichen geschrieben wird. Mit etwas Erfahrung ist es leicht möglich, die Anzahl der Striche eines Schriftzeichens nachzuvollziehen. Einem Anfänger kann es schwerfallen, da manche Linienzüge beim Schreiben bewusst in mehrere Striche unterteilt werden. Einige Beispiele gibt die folgende Tabelle:

Anzahl	1	2	3	4	5
Zeichen	一	二、人 七、了	三、口 工、女	公、元 日、牛	他、本 平、田

Strichreihenfolge und -richtung

Auch wenn es auf den ersten Blick unwichtig scheint: Die Striche jedes chinesischen Schriftzeichens haben eine vorgegebene Reihenfolge. Durch diese Strichreihenfolge und -richtung entsteht ein Rhythmus, der sich gut memorieren lässt und auch beim Schreiben neuer Zeichen hilft, da er sich in den Elementen der Schriftzeichen wiederholt. Außerdem beruht die Reihenfolge auf langer Erfahrung, wie ein Zeichen effizient schnell und schön geschrieben werden kann.

Durch die ursprünglich senkrechte Schreibung chinesischer Texte lässt sich erklären, dass die Schreibung der meisten Zeichen links oben beginnt und rechts unten oder mit einem nach unten geführten Strich endet.

Die folgende Abbildung verdeutlich dies. Die hellen Punkte ○ zeigen den Start und die dunklen Punkte ● das Ende der Schreibung eines Schriftzeichens. Bei den Schriftzeichen „我“ und „呢“ endet die Schreibung mit einem nach unten geführten Strich. Bei allen anderen Zeichen endet die Schreibung rechts unten.

Da heutzutage nicht mehr von oben nach unten, sondern in den meisten Fällen von links nach rechts geschrieben wird, gibt es bei einigen Strichreihenfolgen verschiedene Möglichkeiten. Viele Apps oder auch vom Computer generierte Strichfolgebilder haben den gleichen Algorithmus hinterlegt, was zu der Annahme verführt, die Strichfolge sei normiert. Dem ist aber nicht so. Einzelne Elemente von Schriftzeichen werden durchaus unterschiedlich geschrieben. Insbesondere Kalligraphen, die auch heute noch von oben nach unten schreiben, bevorzugen eine Strichfolge, die die Schriftzeichen mit Kraft und kontinuierlichem Pinselfluss schreiben lässt und auch den eigenen künstlerischen Stil ausdrückt.

Die folgenden Abbildungen verdeutlichen typische Beispiele für Zeichen, für die man je nach Quelle unterschiedliche Reihenfolgen findet. Alle Strichfolgen sind erlaubt.

Beim Lernen entwickelt sich ein Gefühl für die Reihenfolge der Striche. Anbei sind einige Beispiele für Strichreihenfolgen.

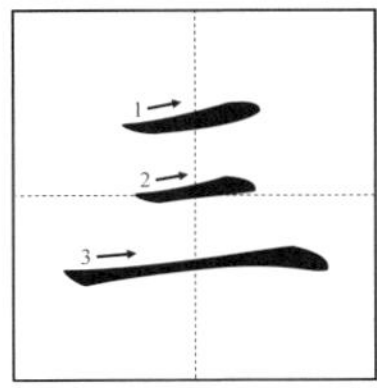

Schreibstile

Die chinesische Schrift kennt verschiedene Schreibstile und Schriftfonts. Einige Schreibstile kann man nur mit einem Pinsel schreiben, andere nur mit einem modernen Stift. Alle Schreibstile sind jedoch richtig und korrekt, wie das Beispiel des Schriftzeichens „你" (nǐ) für „du" zeigt:

Druckschrift			Schreibschrift
Zeitungsdruck	Pinselschrift	Kugelschreiber	
你	你	你	你

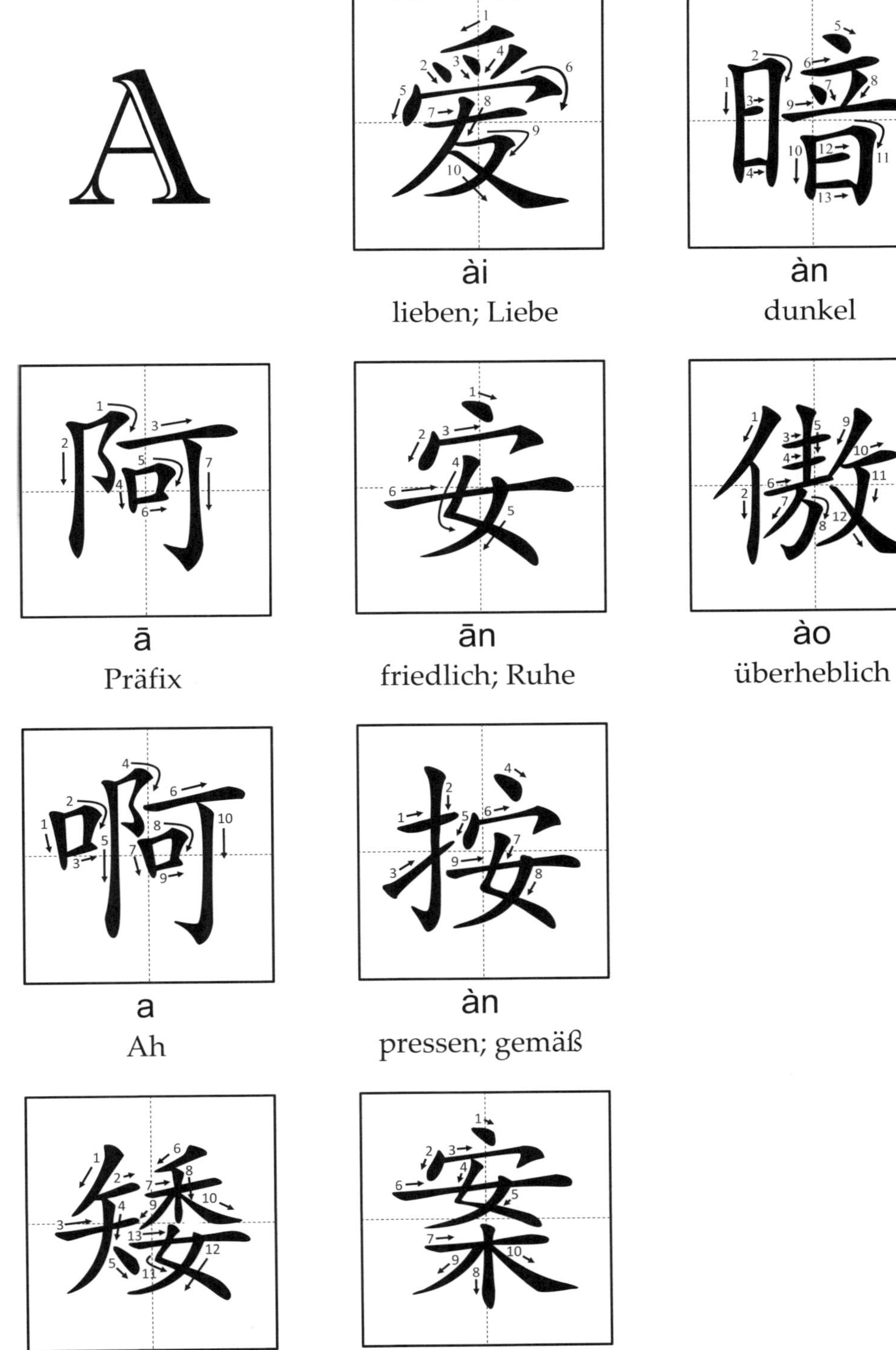

ài
lieben; Liebe

àn
dunkel

ā
Präfix

ān
friedlich; Ruhe

ào
überheblich

a
Ah

àn
pressen; gemäß

ǎi
niedrig

àn
Fall; Akte

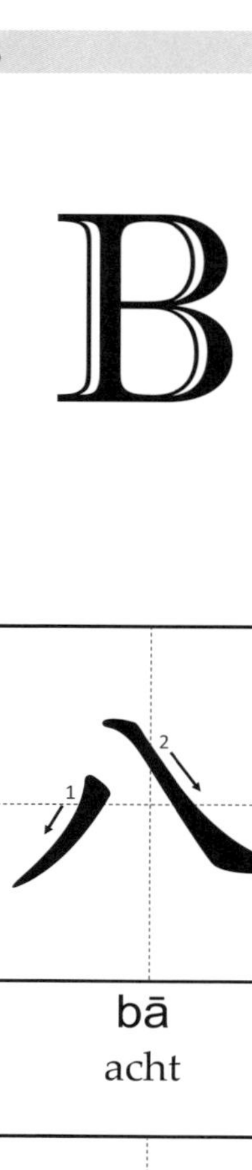

bà
Papa

百

băi
hundert

bā
acht

bà
niederlegen

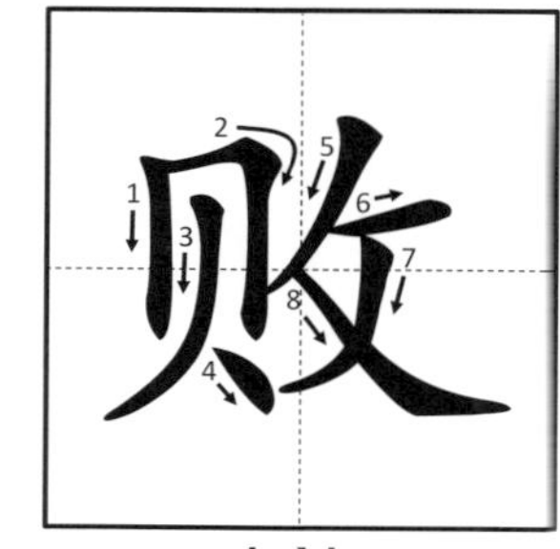

bài
unterliegen

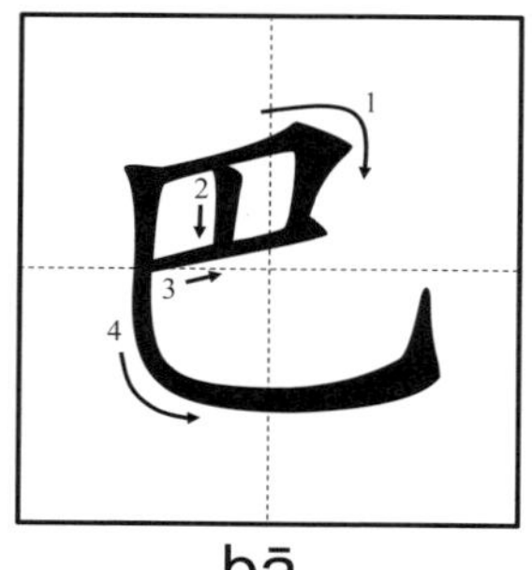

bā
herbeiwünschen

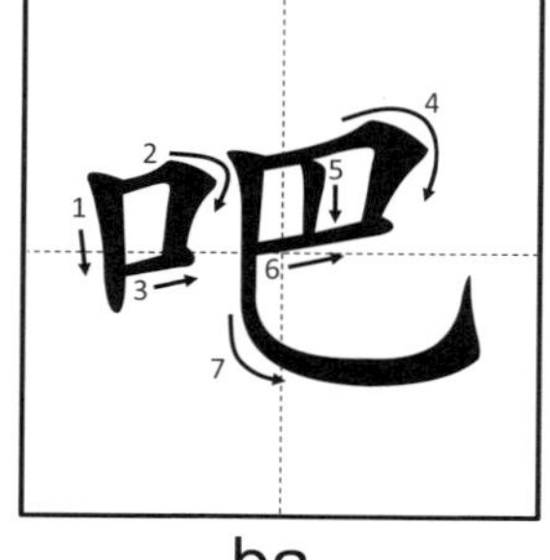

ba
Aufforderungsp.

bài
sich niederwerfen

bă
Betonungspartikel

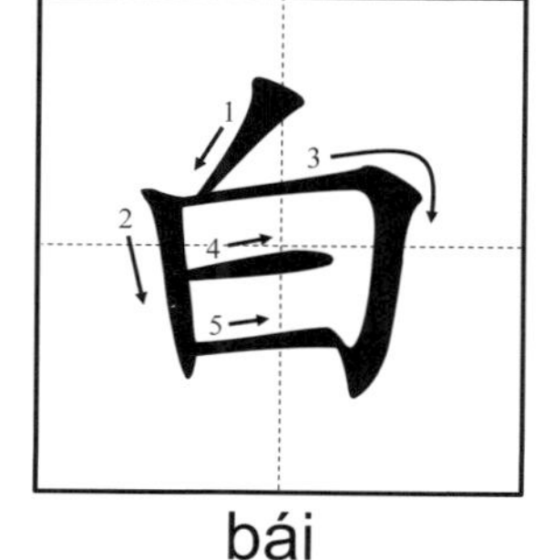

bái
weiß

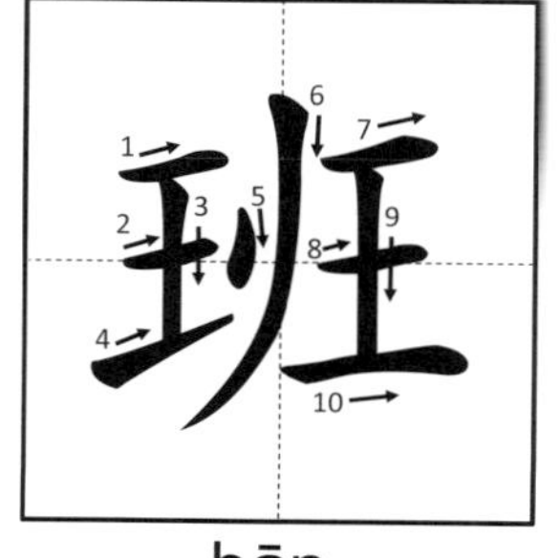

bān
Klasse

bān
Sorte; Weise

bàn
halb; Hälfte

bàng
Stock; prima

bān
umlegen

bàn
Partner

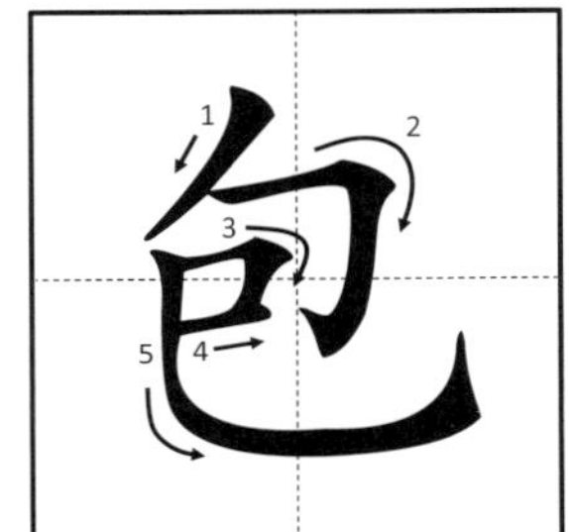

bāo
einwickeln

bǎn
Platte, Brett

bàn
sich kostümieren

báo
dünn

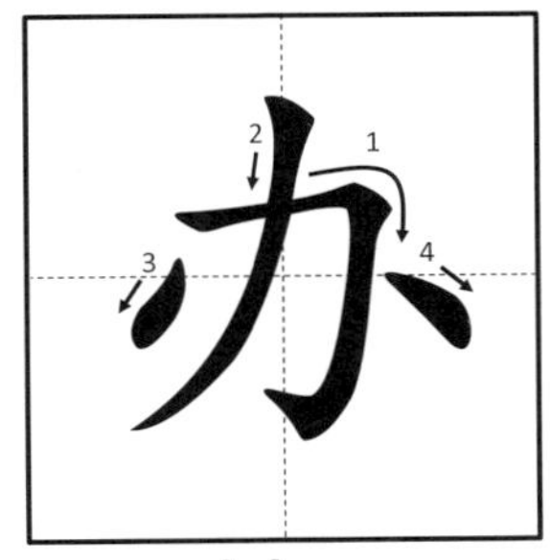

bàn
erledigen

bāng
helfen

bǎo
satt

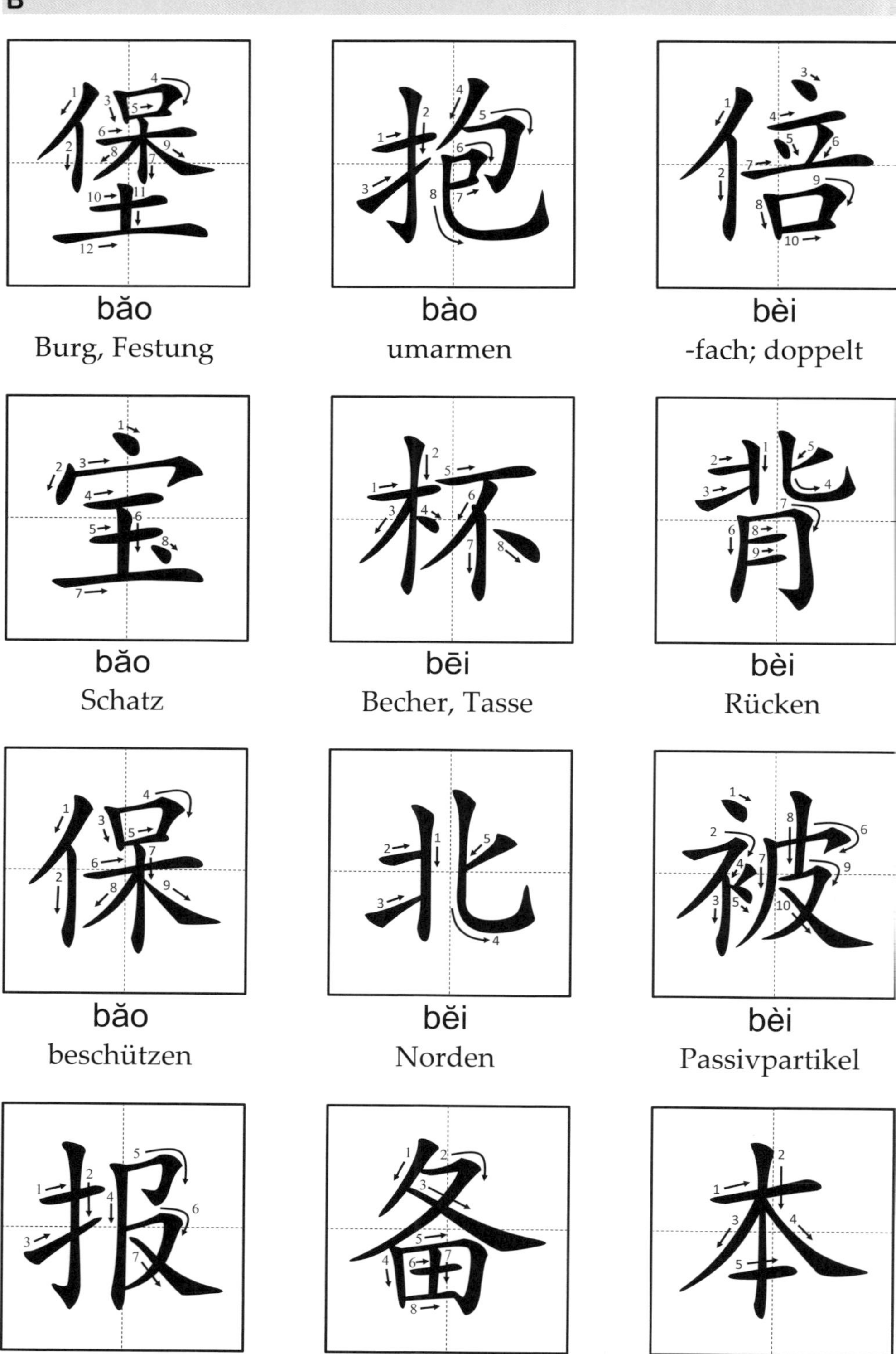
堡
bǎo
Burg, Festung
抱
bào
umarmen
倍
bèi
-fach; doppelt
宝
bǎo
Schatz
杯
bēi
Becher, Tasse
背
bèi
Rücken
保
bǎo
beschützen
北
běi
Norden
被
bèi
Passivpartikel
报
bào
mitteilen
备
bèi
bereithalten
本
běn
Wurzel

笨
bèn
dumm
币
bì
Geld
边
biān
Rand
鼻
bí
Nase
必
bì
erforderlich
编
biān
flechten
比
bǐ
vergleichen
避
bì
vermeiden
变
biàn
ändern
笔
bǐ
Stift
毕
bì
beenden
便
biàn
bequem

biàn
Mal; überall

bīn
Gast

bìng
krank

biāo
markieren

bīng
Eis

bō
übertragen

biǎo
Tabelle

bǐng
Gebäck

bō
Glas

bié
etwas anderes

bìng
und

bó
Folie

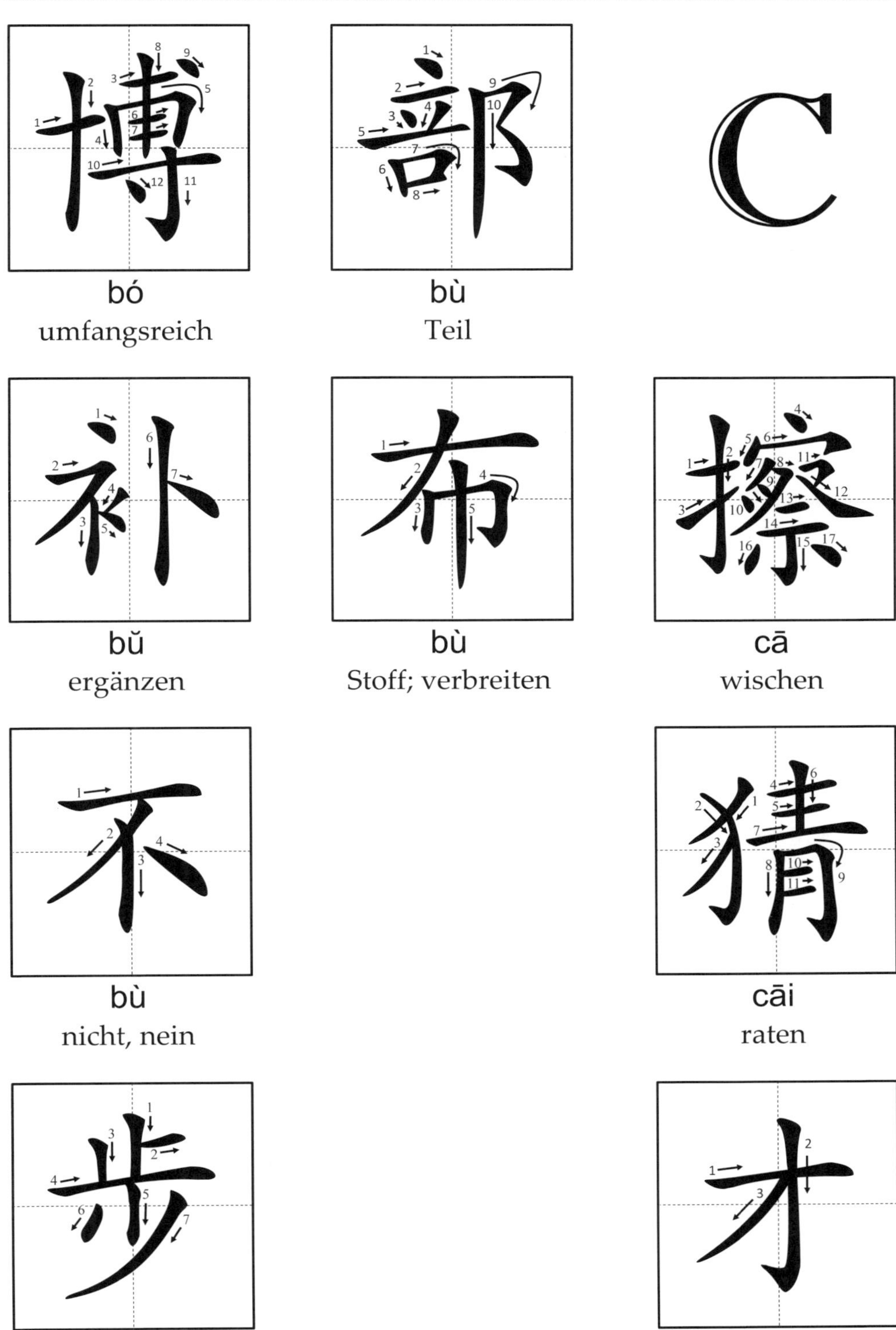

bó
umfangsreich

bù
Teil

bŭ
ergänzen

bù
Stoff; verbreiten

cā
wischen

bù
nicht, nein

cāi
raten

bù
Schritt

cái
erst

材
cái
Material
参
cān
teilnehmen
草
cǎo
Gras
采
cǎi
pflücken
餐
cān
Mahlzeit
测
cè
messen
彩
cǎi
bunt
仓
cāng
Speicher
册
cè
Heft, Band
菜
cài
Gemüse
舱
cāng
Kabine
层
céng
Schicht

chá
Tee

chăn
herstellen

cháng
oft

chá
nachprüfen

cháng
lang

chăng
Fabrik

chá
untersuchen

cháng
probieren

chăng
Platz

chà
Abweichung

cháng
zurückzahlen

chàng
singen

chāo
super

chē
Wagen

chéng
vollenden; werden

cháo
Flut

chè
entfernen

chéng
ehrlich

chǎo
streiten

chèn
Futterstoff

chéng
Mauer

chǎo
im Wok braten

chēng
nennen

chéng
übernehmen

乘
chéng
fahren

迟
chí
spät; Verspätung

绸
chóu
Seide

程
chéng
Wegstrecke

持
chí
halten

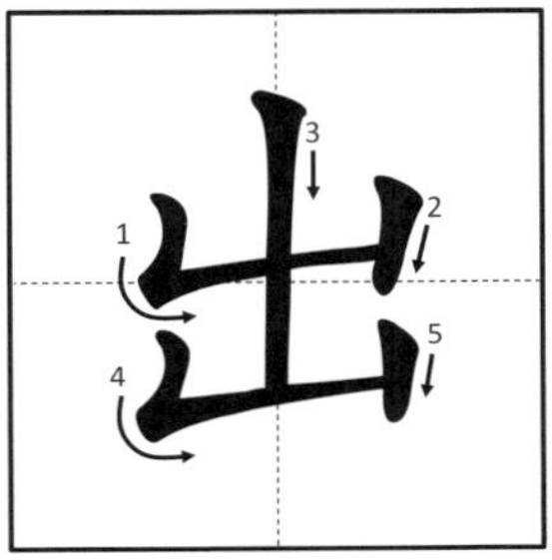

出
chū
aus

吃
chī
essen

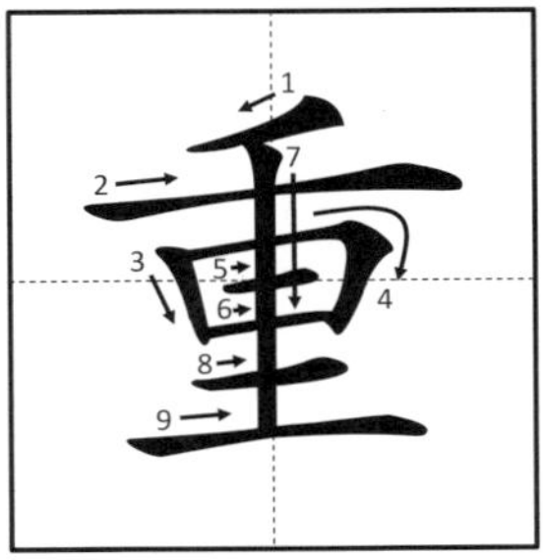

重
chóng
erneut

初
chū
Anfang

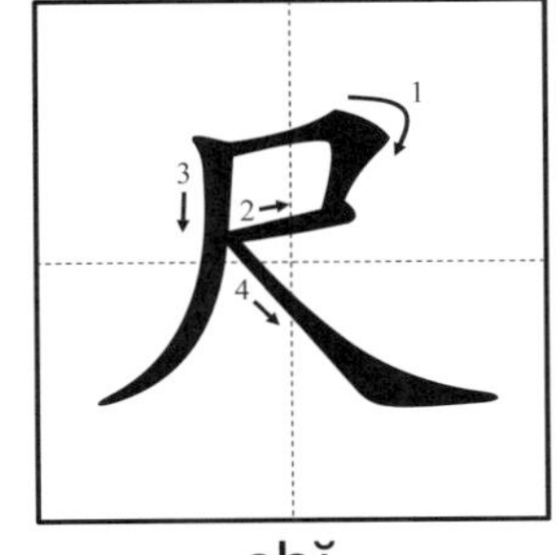

chǐ
Lineal

chōu
herausziehen

chú
außer

chú
Küche

chuān
sich anziehen

chuáng
Bett

chǔ
Grundlage

chuán
weiterleiten

chuí
herunterhängen

chǔ
klar

chuán
Schiff

chūn
Frühling

chù
Stelle

chuāng
Fenster

cí
Wort

cí
Porzellan

cóng
von

cūn
Dorf

cǐ
dieser, -e, -es

cū
grob

cún
aufbewahren

cì
Mal

cù
vorantreiben

cùn
Zoll (Einheit)

cōng
Hörvermögen

cuī
drängen

cuò
falsch

D
大
dà
groß
袋
dài
Tasche
达
dá
erlangen
代
dài
vertreten; Epoche
贷
dài
Kredit
答
dá
antworten
带
dài
mitnehmen
戴
dài
tragen
打
dă
schlagen
待
dài
erwarten
担
dān
übernehmen

dān
einzeln; Zettel

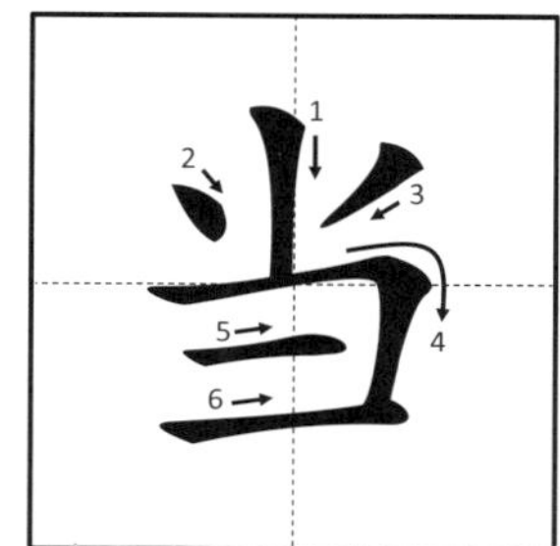

dāng
als… fungieren

dǎo
kippen

dàn
aber

dàng
Güteklasse

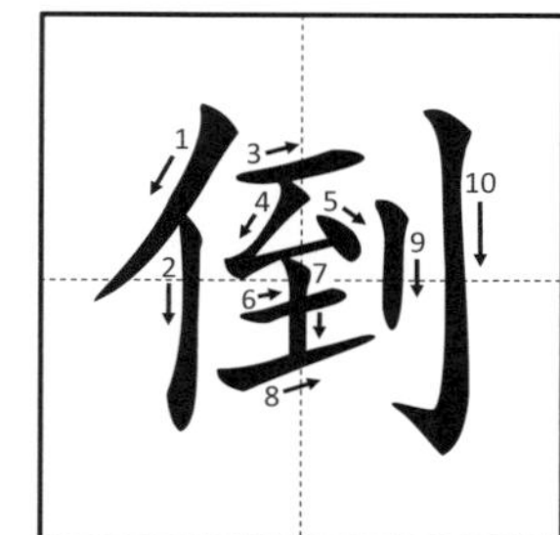

dào
einschenken

dàn
Ei

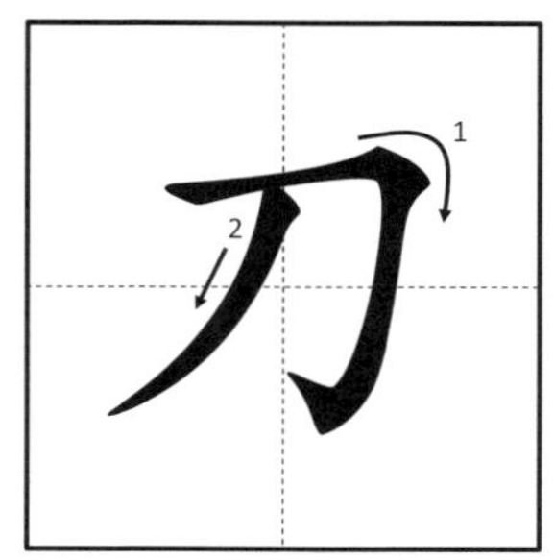

dāo
Messer

dào
ankommen

dàn
Geburtstag

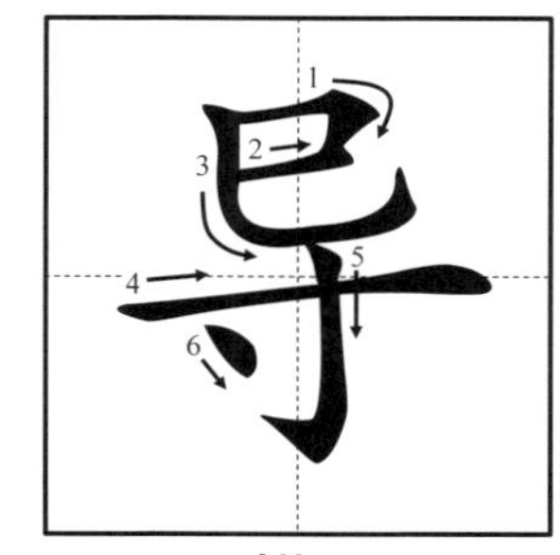

dǎo
leiten

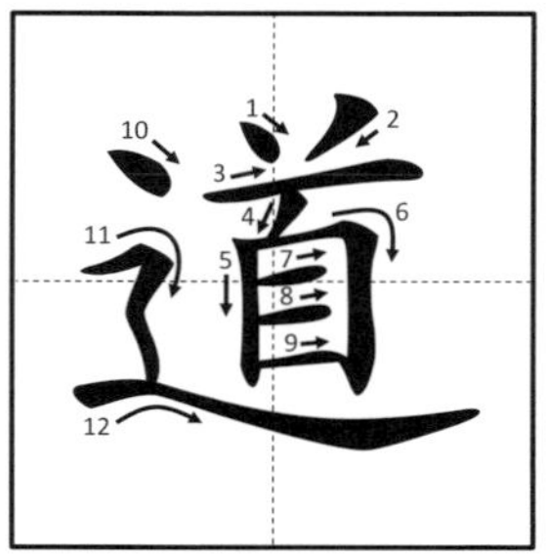

dào
Weg; Weise

得
dé
erhalten
灯
dēng
Lampe
底
dǐ
Boden
得
de
Ausmaßpartikel
登
dēng
besteigen
地
dì
Erde
的
de
Genitivpartikel
等
děng
warten
弟
dì
jüngerer Bruder
得
děi
verpflicht sein
低
dī
niedrig
第
dì
Ordnungszahl

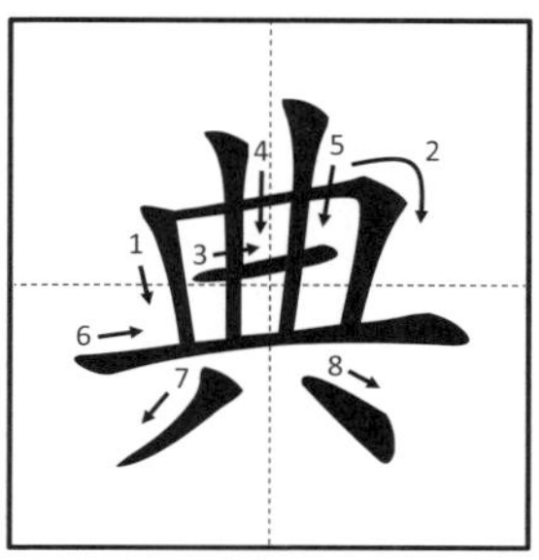

diǎn
Standardwerk

diào
fallen lassen

dōng
Winter

diǎn
Tropfen

dìng
festlegen

dǒng
verstehen

diàn
Elektrizität

diū
wegwerfen

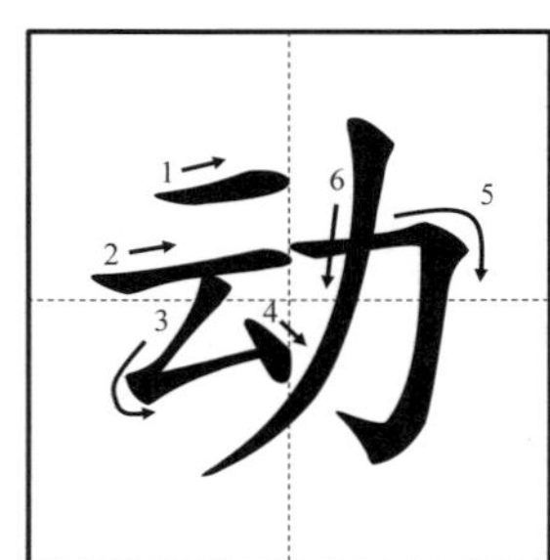

dòng
bewegen

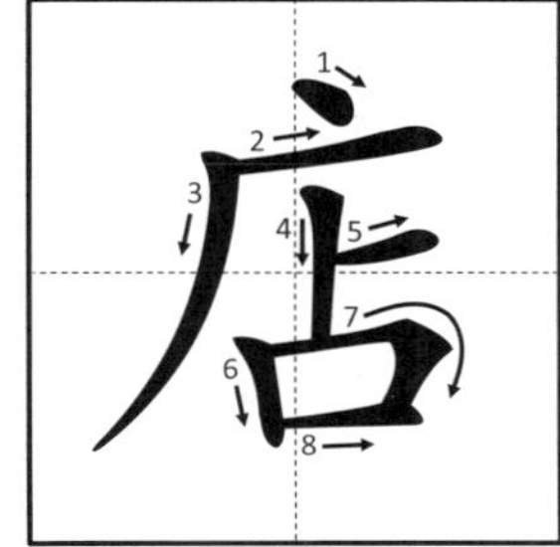

diàn
Laden

dōng
Osten

dōu
alle

dòu
Bohne

dù
Bauch

duàn
abbrechen

dú
lesen

dù
Grad

duàn
schmieden

dú
einzig

duăn
kurz

duì
richtig

dŭ
verstopfen

duàn
Abschnitt

duì
konvertieren

吨
dūn
Tonne
E
而
ér
und
顿
dùn
ZEW Mahlzeiten
额
é
Summe
耳
ěr
Ohr
多
duō
viel
饿
è
hungrig
尔
ěr
du (klassisch)
朵
duǒ
ZEW Blumen
儿
ér
Sohn
二
èr
zwei

F
发
fà
Haare
反
fǎn
gegen
发
fā
absenden
翻
fān
umblättern
犯
fàn
begehen
伐
fá
fällen
烦
fán
genervt sein
饭
fàn
gekochter Reis
法
fǎ
Methode
繁
fán
komplex
范
fàn
Bereich

fáng
Haus

fàng
legen

féi
fettig

fáng
vorbeugen

fēi
fliegen

fèi
Kosten

fǎng
aufsuchen

fēi
nein

fēn
Minute

fǎng
spinnen

fēi
Klangwort „fei“

fēn
durcheinander

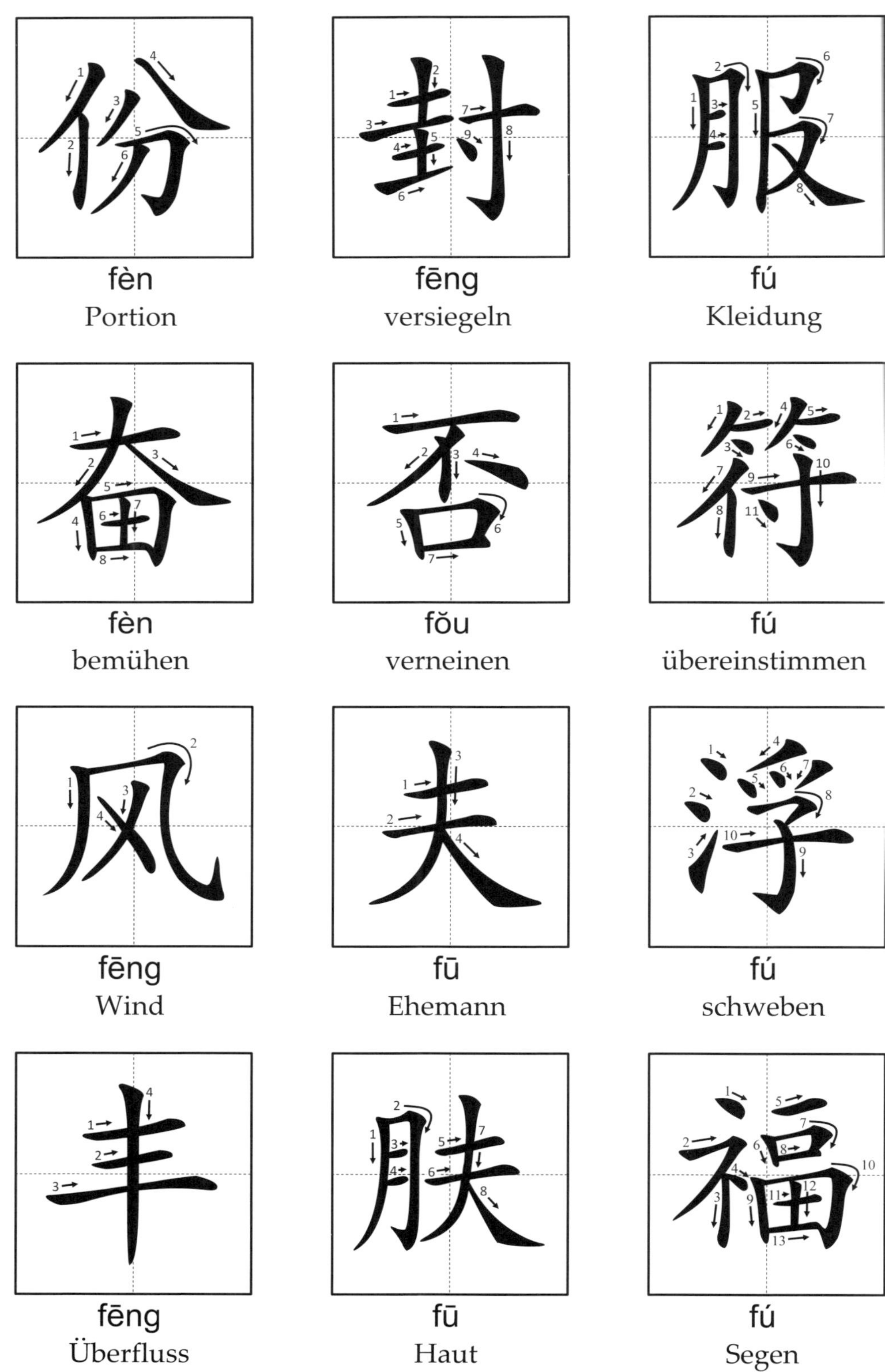
份
fèn
Portion
封
fēng
versiegeln
服
fú
Kleidung
奋
fèn
bemühen
否
fŏu
verneinen
符
fú
übereinstimmen
风
fēng
Wind
夫
fū
Ehemann
浮
fú
schweben
丰
fēng
Überfluss
肤
fū
Haut
福
fú
Segen

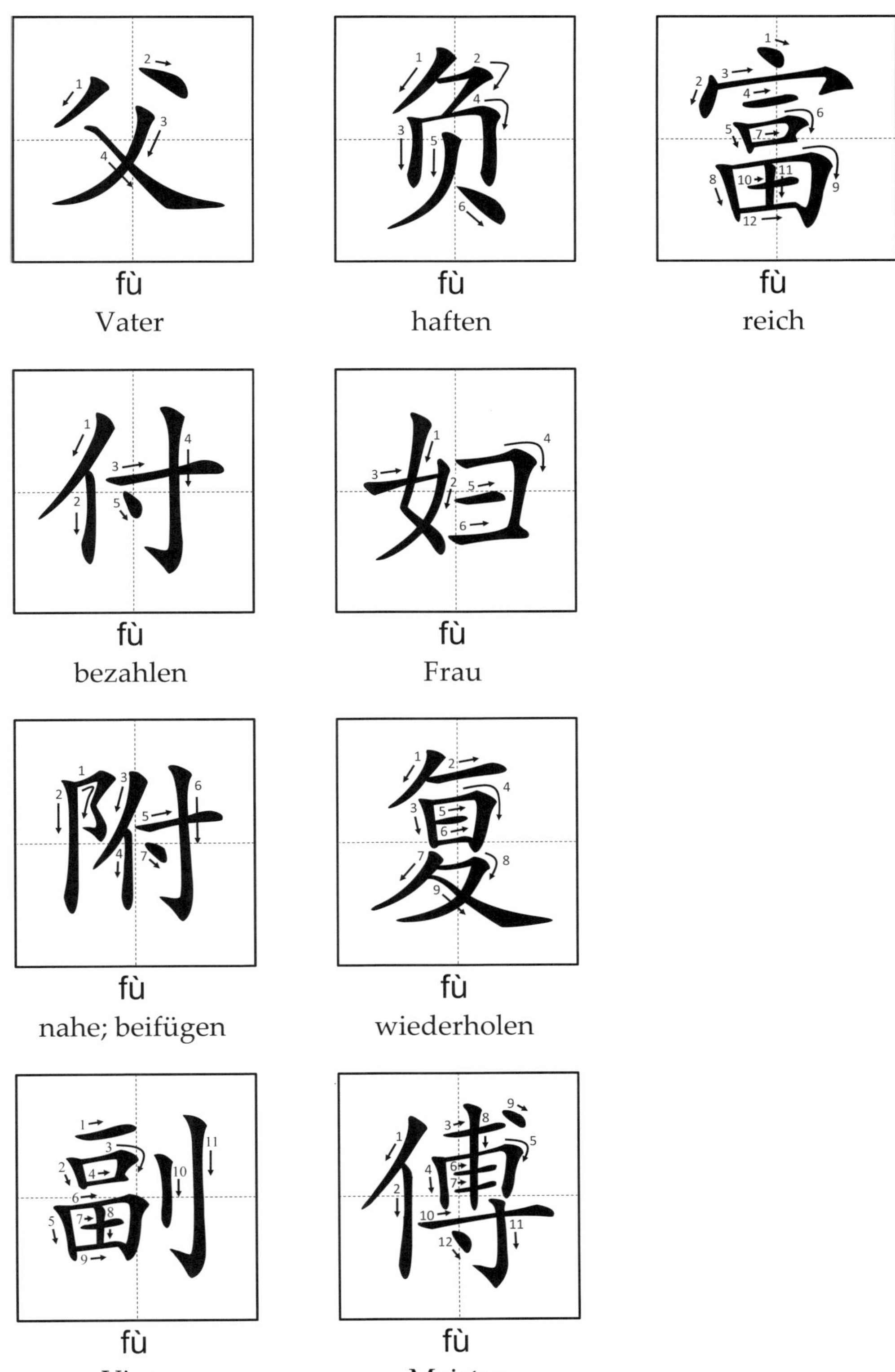
父
fù
Vater
负
fù
haften
富
fù
reich
付
fù
bezahlen
妇
fù
Frau
附
fù
nahe; beifügen
复
fù
wiederholen
副
fù
Vize-
傅
fù
Meister

gài
besiegeln

gǎn
fühlen

gāi
sollen

gān
trocken

gàn
tun

gǎi
ändern

gǎn
einholen

gāng
eben

gài
allgemein

gǎn
sich getrauen

gāng
Stahl

港
gǎng
Hafen
告
gào
mitteilen
个
ge
ZEW
高
gāo
hoch
哥
gē
älterer Bruder
各
gè
jeweils
膏
gāo
Salbe
歌
gē
Lied
给
gěi
geben
糕
gāo
Kuchen
格
gé
Karo; Stil
根
gēn
Wurzel, Ursprung

跟
gēn
folgen
功
gōng
Verdienst
狗
gŏu
Hund
更
gèng
noch
宫
gōng
Palast
购
gòu
erwerben
工
gōng
Arbeit
共
gòng
gemeinsam
够
gòu
ausreichen
公
gōng
öffentlich
供
gōng
anbieten
估
gū
vermuten

gū
einsam

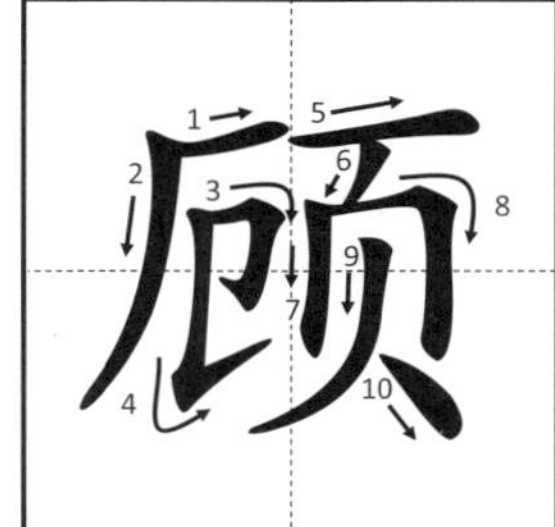

gù
sich umsehen

guài
merkwürdig

gǔ
trommeln

guā
Gurke

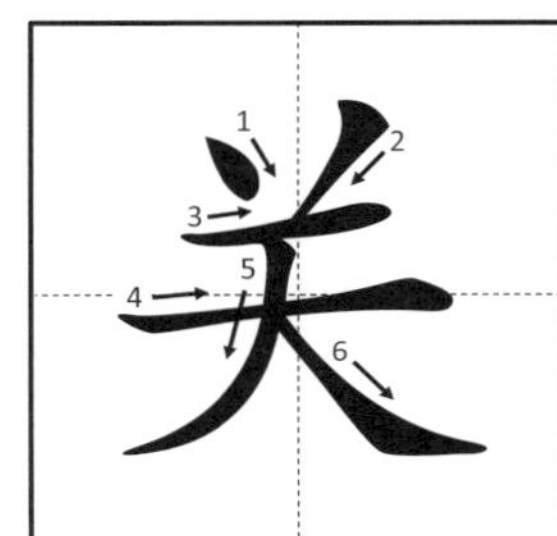

guān
schließen

gù
früher

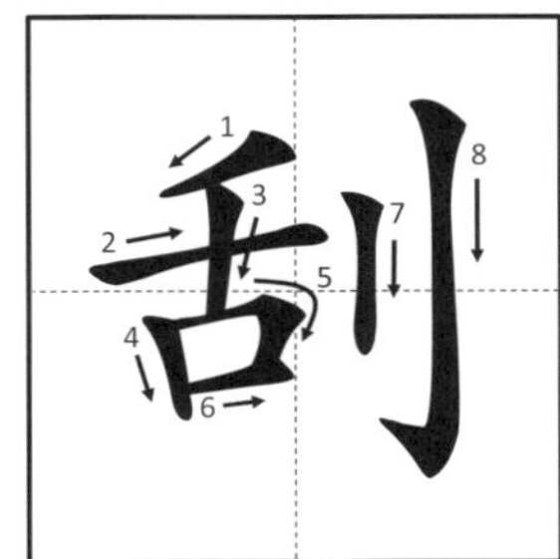

guā
wehen

guān
beobachten

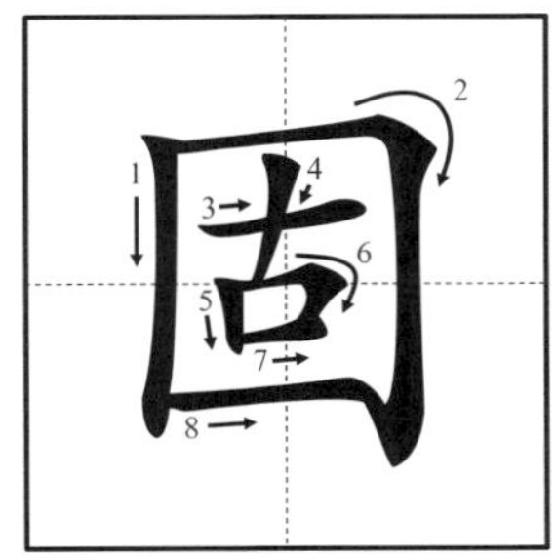

gù
beständig

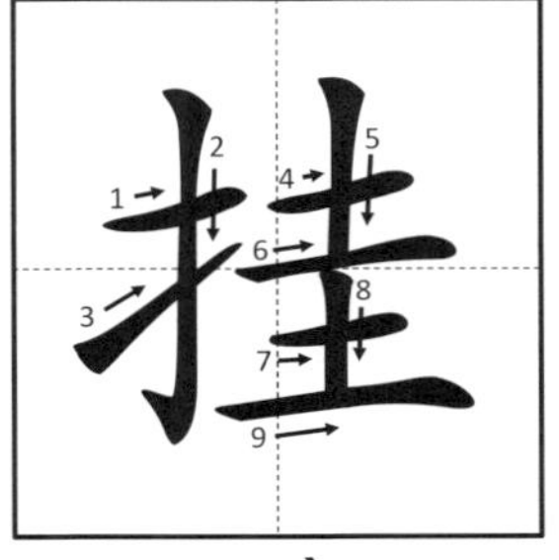

guà
hängen

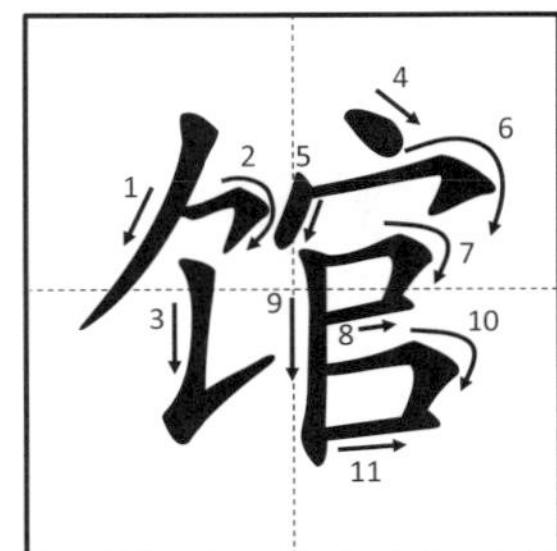

guǎn
Halle

管
guǎn
leiten
广
guǎng
breit
锅
guō
Topf
贯
guàn
hindurch
逛
guàng
bummeln
国
guó
Land
惯
guàn
Gewohnheit
规
guī
Vorschrift
果
guǒ
Obst
光
guāng
Licht
贵
guì
teuer
过
guò
überqueren

hán
Brief

hàn
bedauerlich

hái
auch

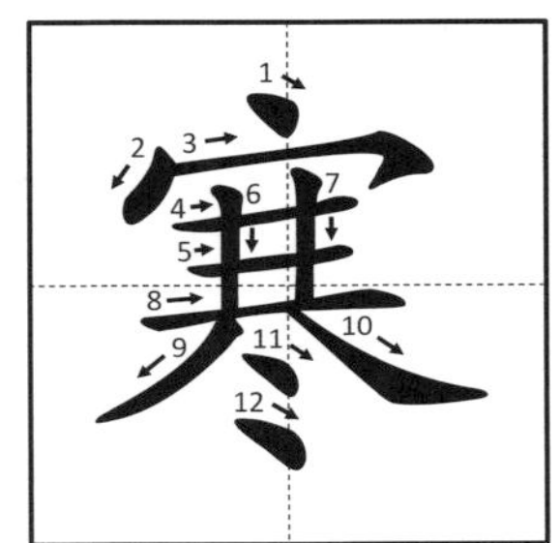

hán
Kälte

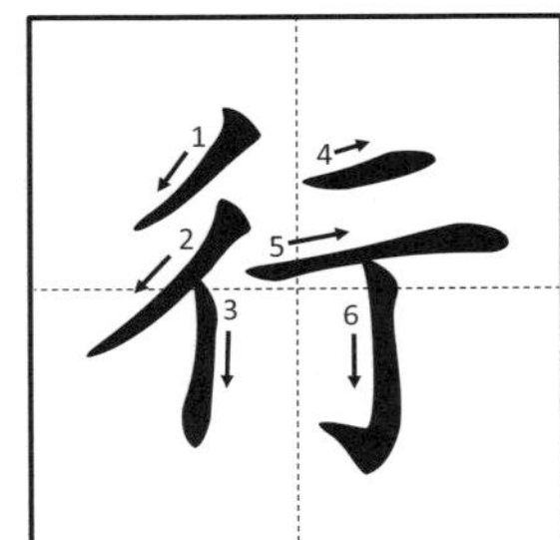

háng
Geschäft

hái
Kind

hàn
Han

háng
Schiffsverkehr

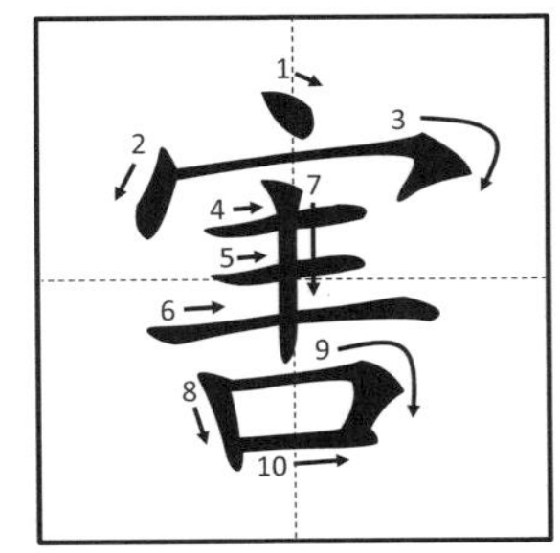

hài
Unheil

hàn
Schweiß

háo
unbefangen

毫
háo
Milli (Maß)
喝
hē
trinken
河
hé
Fluss
好
hǎo
gut
合
hé
vereinigen
盒
hé
Schachtel
好
hào
lieb haben
何
hé
was
贺
hè
Gratulation
号
hào
Nummer
和
hé
und
黑
hēi
schwarz

hěn
sehr

hòu
dick

hū
plötzlich

hóng
rot

hòu
abwarten

hú
See

hóu
Affe

hū
Hilfspartikel

hǔ
Tiger

hòu
hinter

hū
rufen

hù
gegenseitig

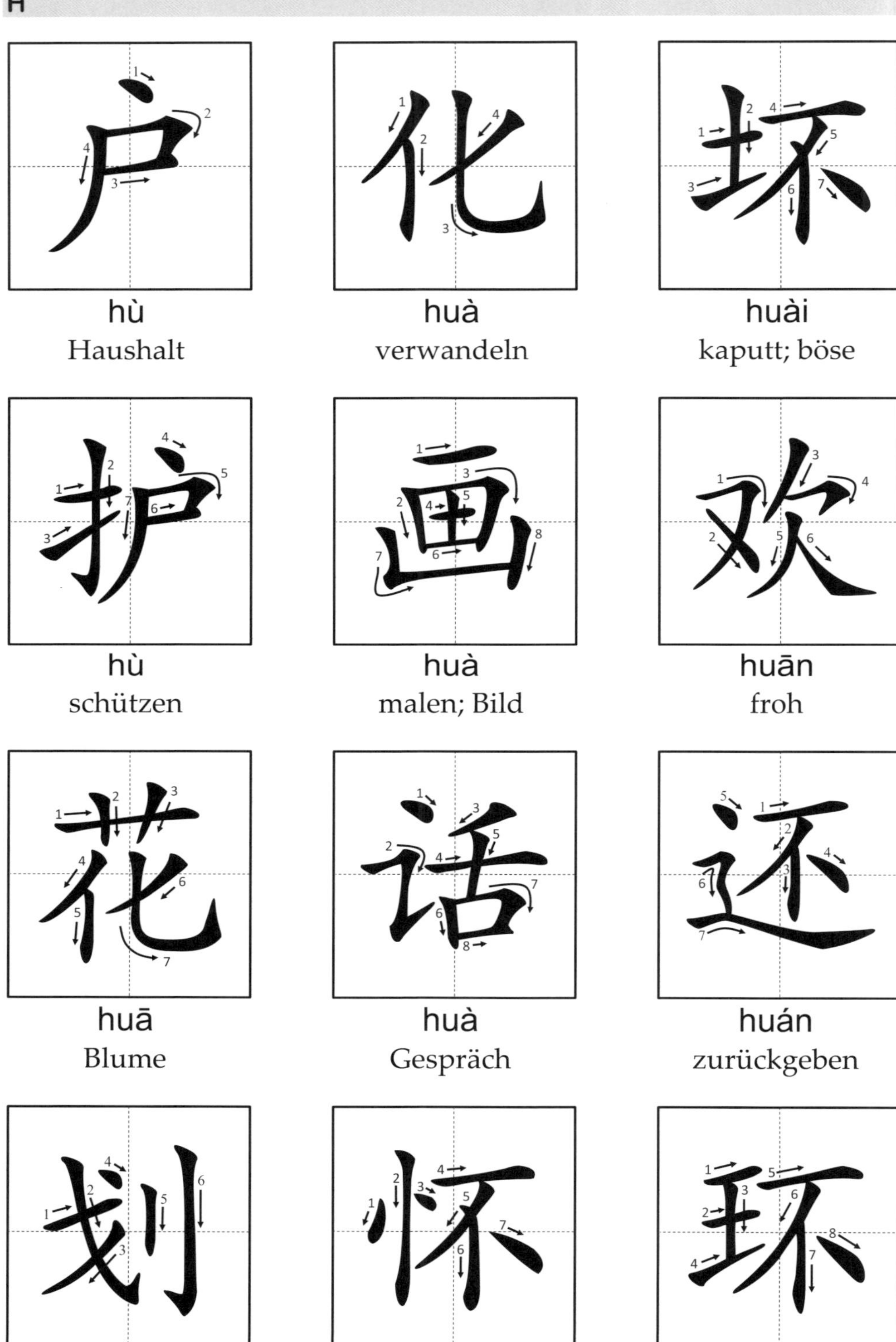
户
hù
Haushalt
化
huà
verwandeln
坏
huài
kaputt; böse
护
hù
schützen
画
huà
malen; Bild
欢
huān
froh
花
huā
Blume
话
huà
Gespräch
还
huán
zurückgeben
划
huà
planen
怀
huái
Brust
环
huán
Ring

huàn
wechseln

huì
können; Sitzung

huó
lebendig

huáng
gelb

huì
überweisen

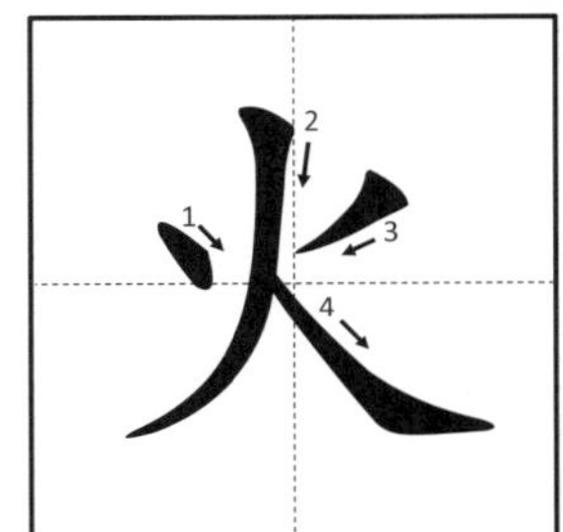

huǒ
Feuer

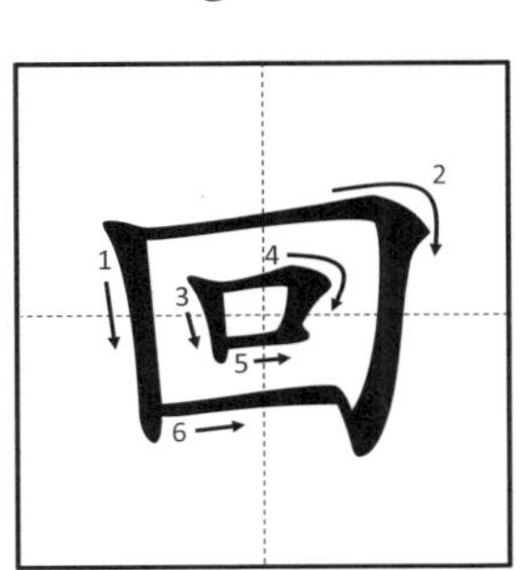

huí
kehren

huì
Gunst

huǒ
Kerl

huǐ
bedauern

hūn
heiraten

huò
oder

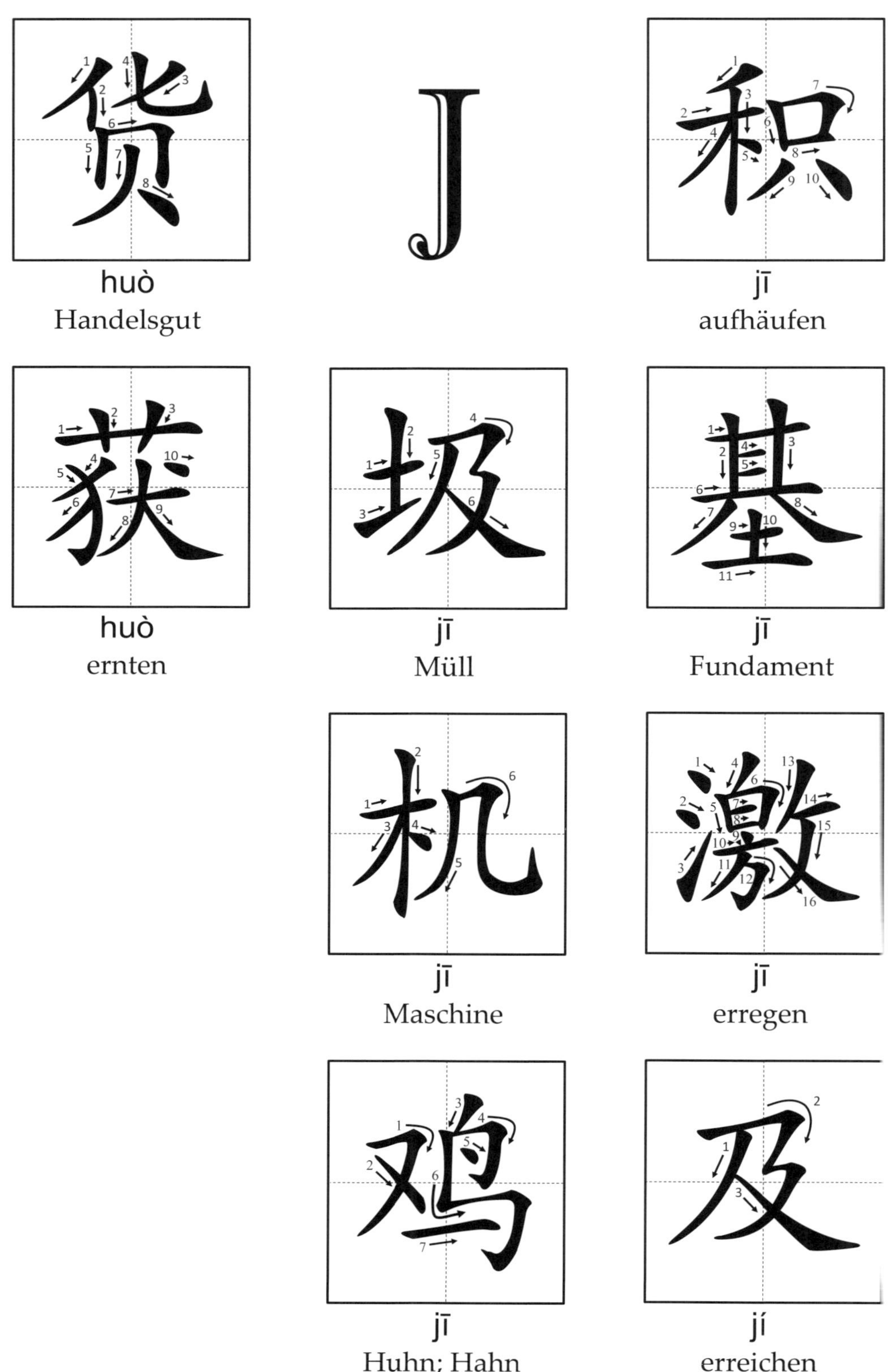

huò
Handelsgut

jī
aufhäufen

huò
ernten

jī
Müll

jī
Fundament

jī
Maschine

jī
erregen

jī
Huhn; Hahn

jí
erreichen

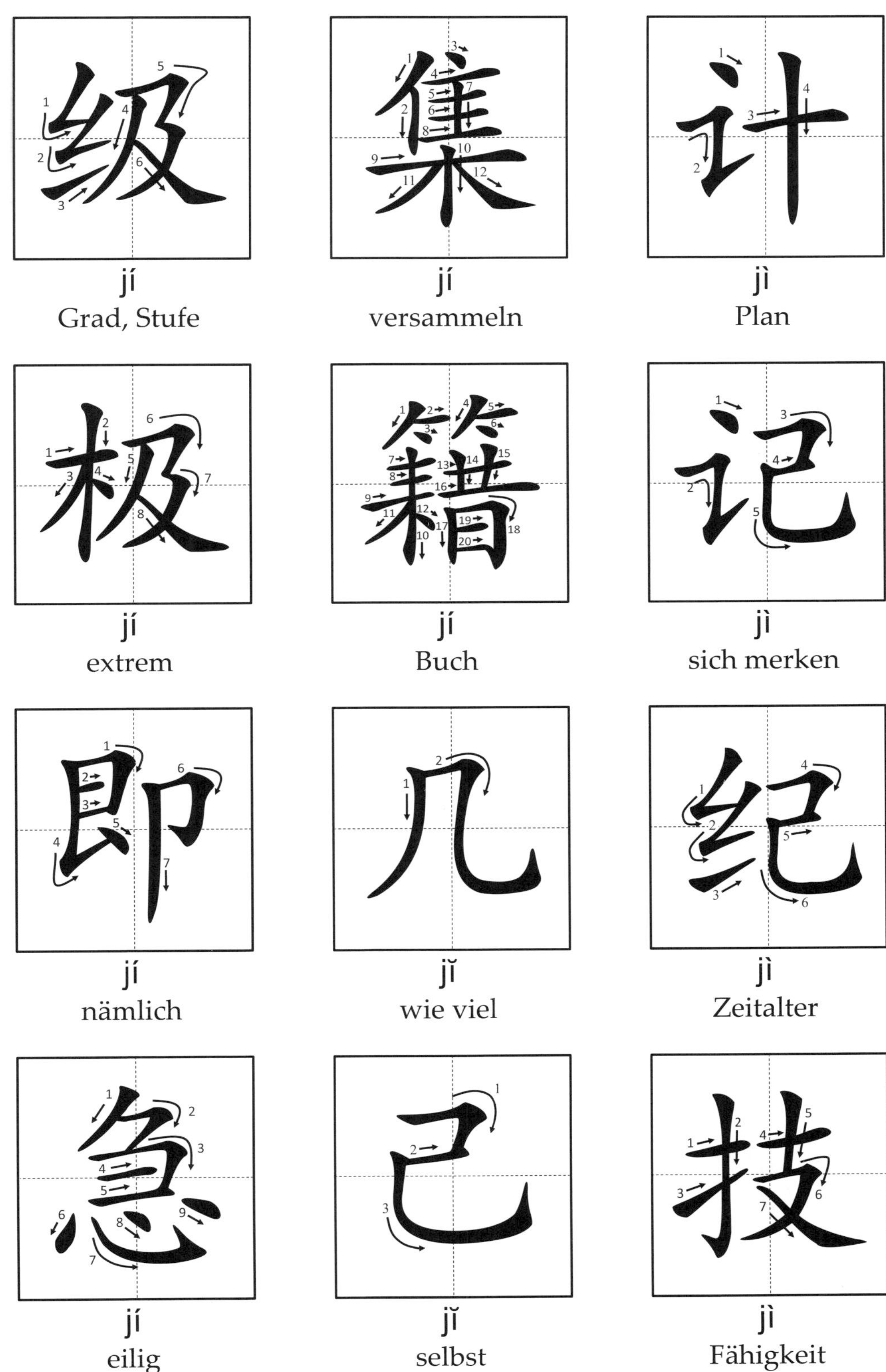
级
jí
Grad, Stufe
集
jí
versammeln
计
jì
Plan
极
jí
extrem
籍
jí
Buch
记
jì
sich merken
即
jí
nämlich
几
jǐ
wie viel
纪
jì
Zeitalter
急
jí
eilig
己
jǐ
selbst
技
jì
Fähigkeit

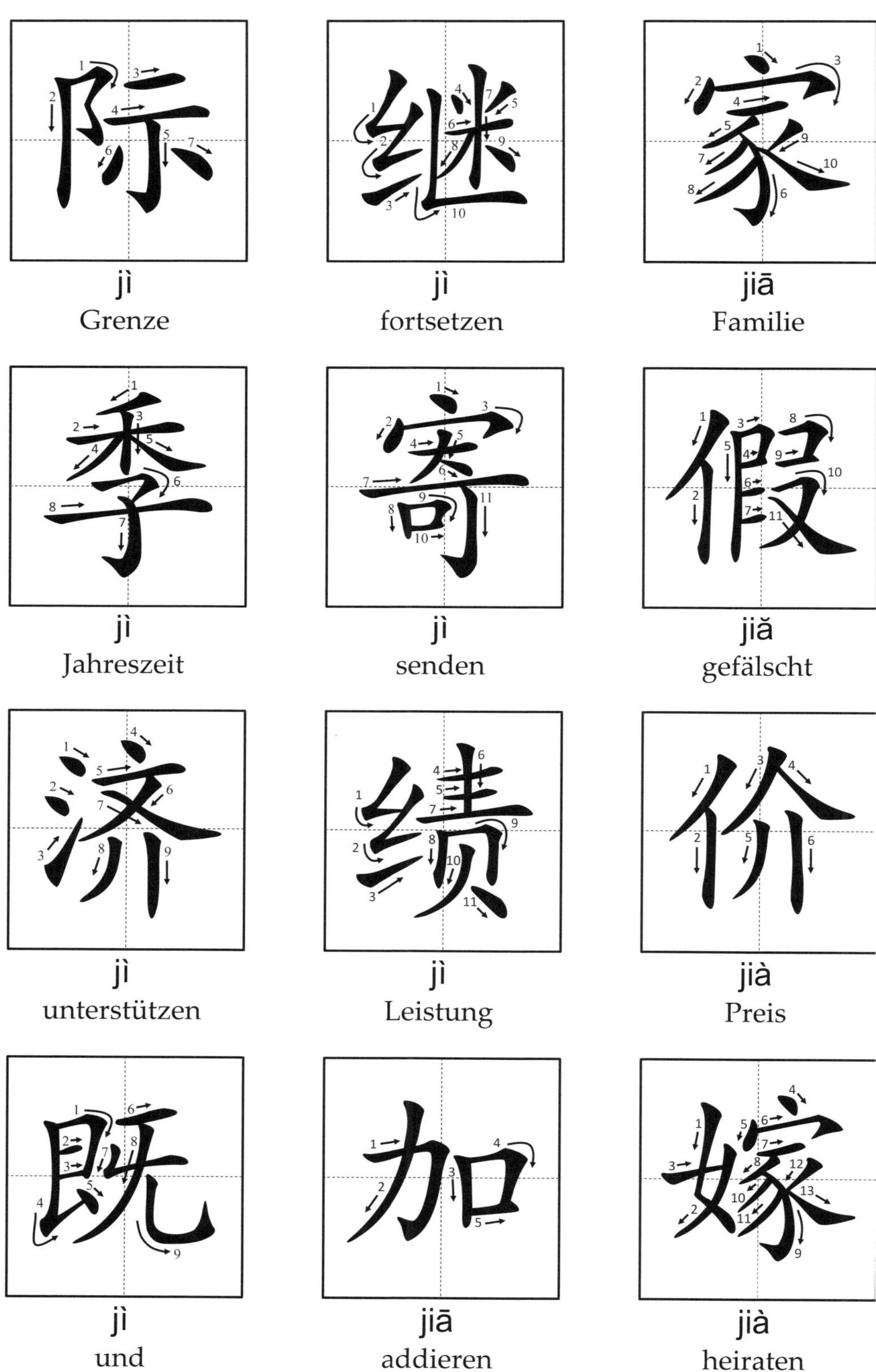
际
jì
Grenze
继
jì
fortsetzen
家
jiā
Familie
季
jì
Jahreszeit
寄
jì
senden
假
jiǎ
gefälscht
济
jì
unterstützen
绩
jì
Leistung
价
jià
Preis
既
jì
und
加
jiā
addieren
嫁
jià
heiraten

jiān
fest

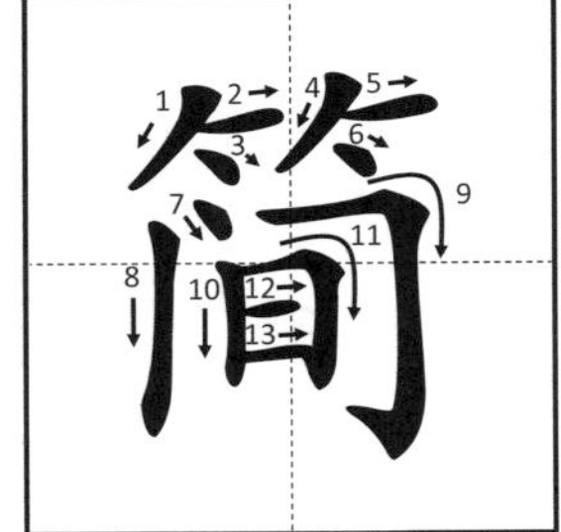

jiǎn
einfach

jiàn
gesund

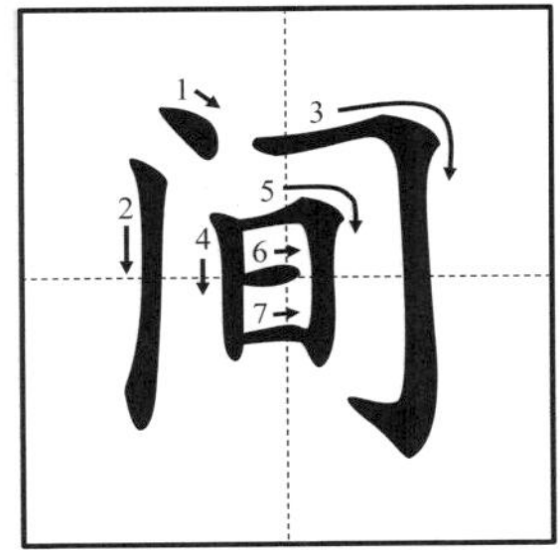

jiān
zwischen

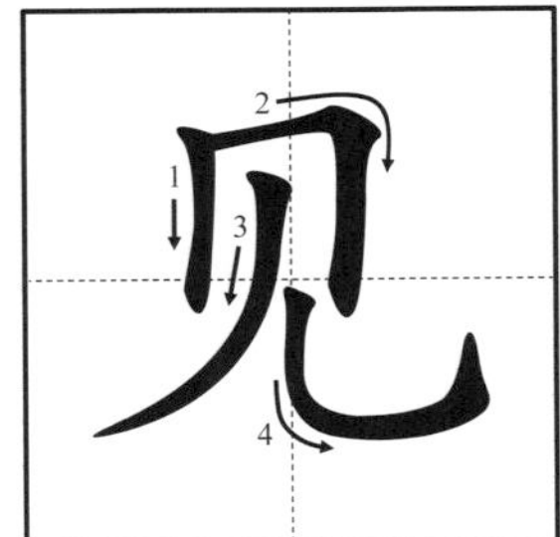

jiàn
sehen

jiàn
Taste

jiǎn
prüfen

jiàn
Dokument

jiàn
empfehlen

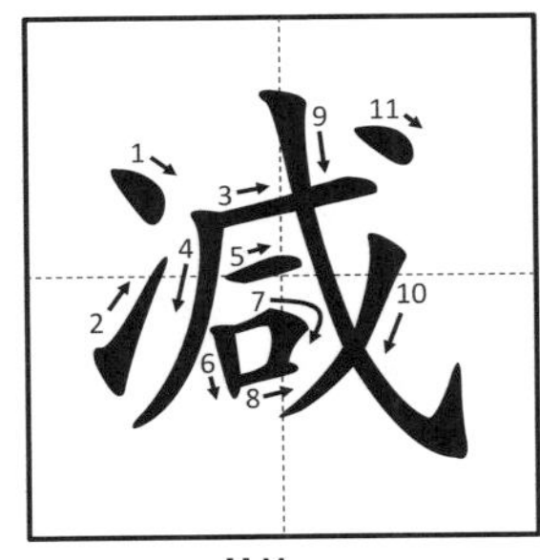

jiǎn
reduzieren

jiàn
bauen

jiàn
ableisten

jiàn
spiegeln

jiăng
Auszeichnung

jiāo
Vorort

jiāng
großer Fluss

jiàng
sinken

jiāo
arrogant

jiāng
werden

jiàng
Würzsoße

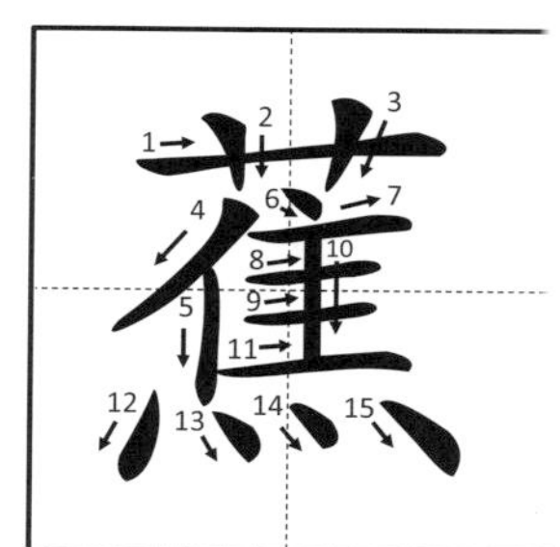

jiāo
Bananengewächs

jiăng
erzählen

jiāo
Verkehr; abgeben

jiāo
lehren

jiǎo
Ecke; 10 Cent

jiào
heißen; rufen

jié
Fest

jiǎo
Maultasche

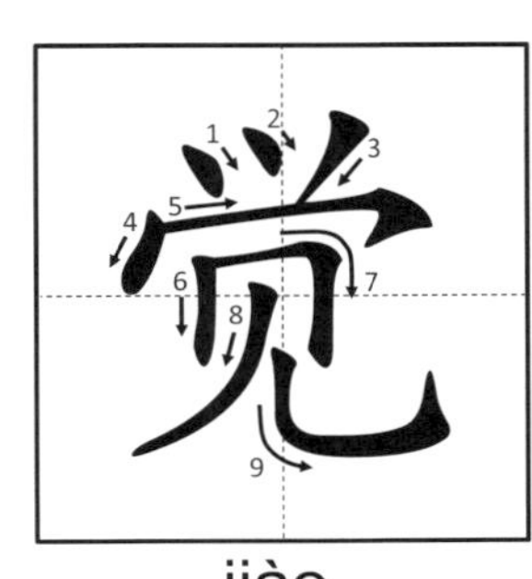

jiào
Schlaf

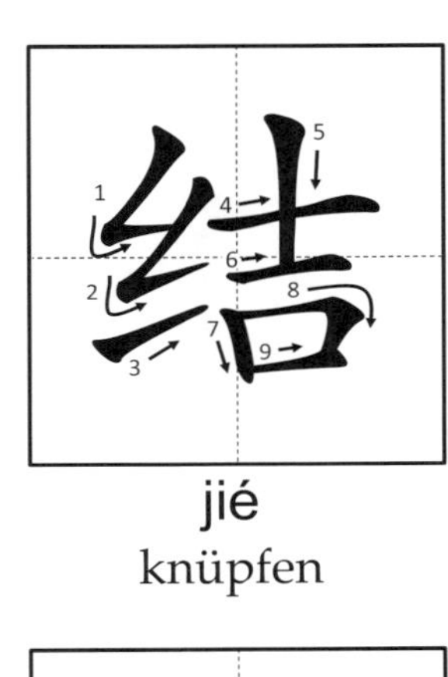

jié
knüpfen

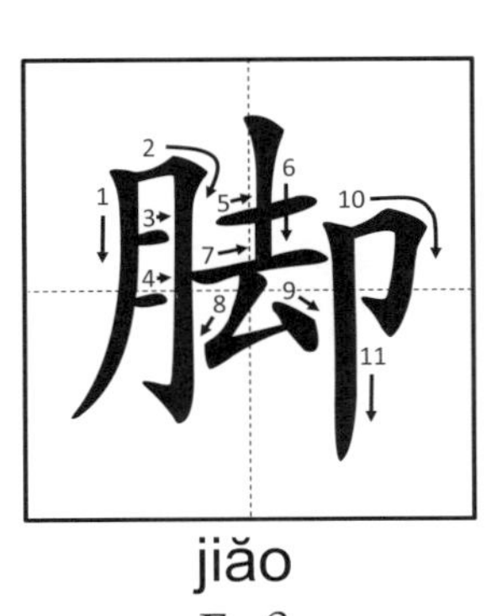

jiǎo
Fuß

jiào
vergleichsweise

jiě
Schwester

jiào
erziehen

jiē
jmdn. abholen

jiě
lösen

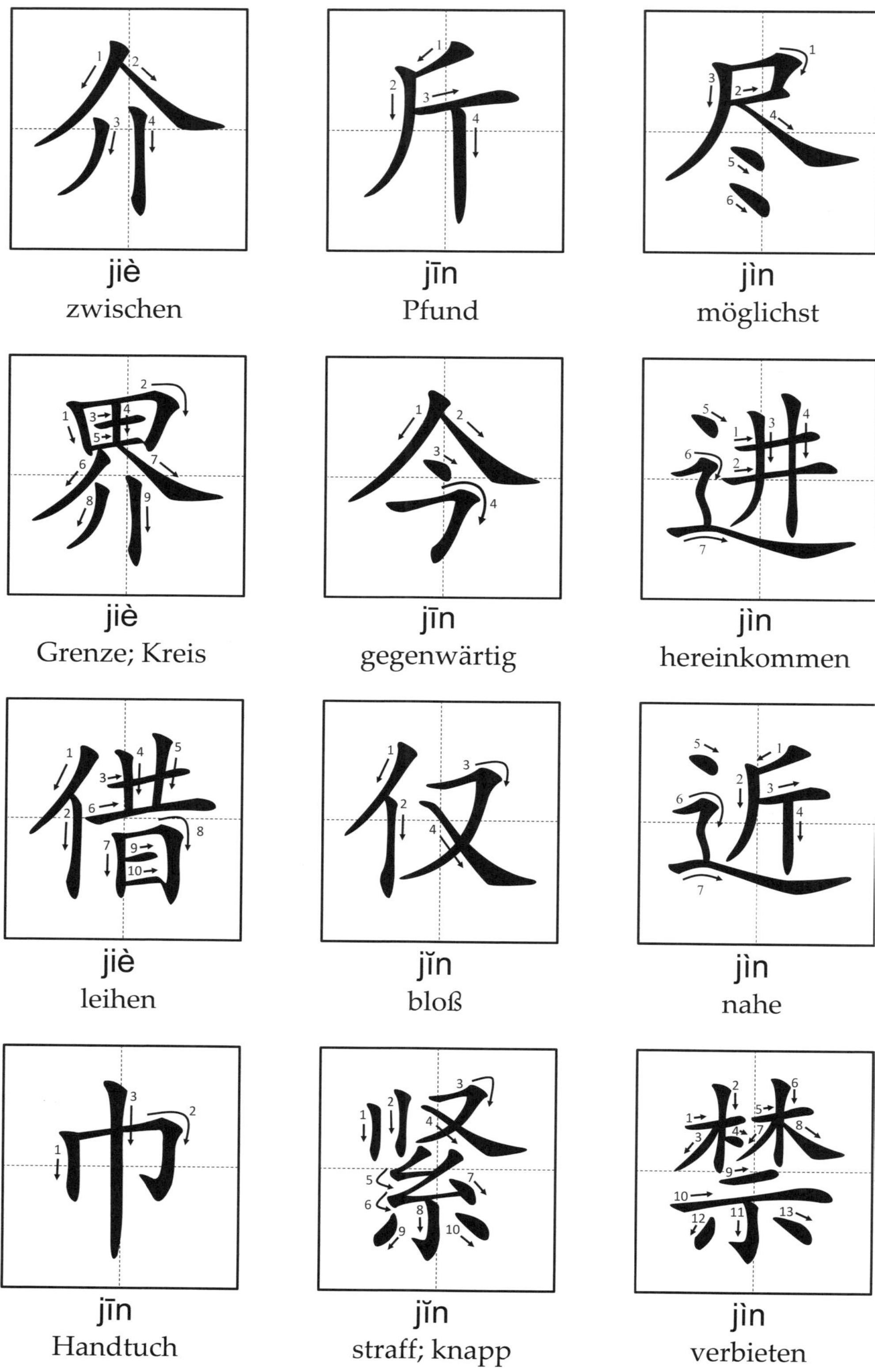
介
jiè
zwischen
斤
jīn
Pfund
尽
jìn
möglichst
界
jiè
Grenze; Kreis
今
jīn
gegenwärtig
进
jìn
hereinkommen
借
jiè
leihen
仅
jǐn
bloß
近
jìn
nahe
巾
jīn
Handtuch
紧
jǐn
straff; knapp
禁
jìn
verbieten

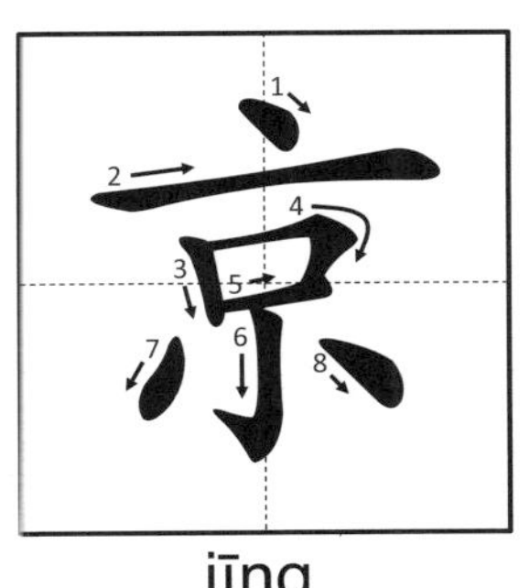

jīng
Hauptstadt

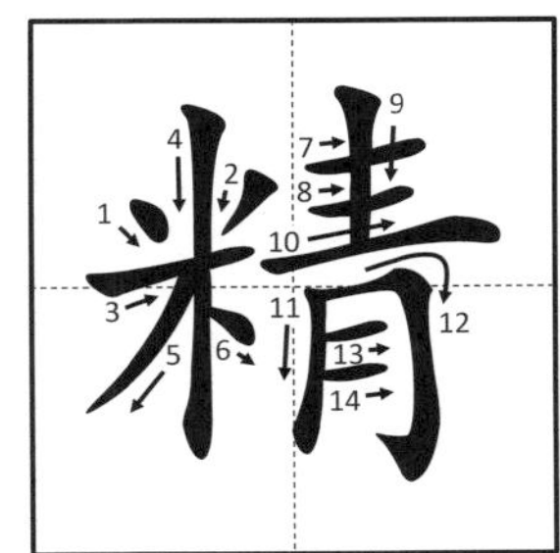

jīng
hochwertig

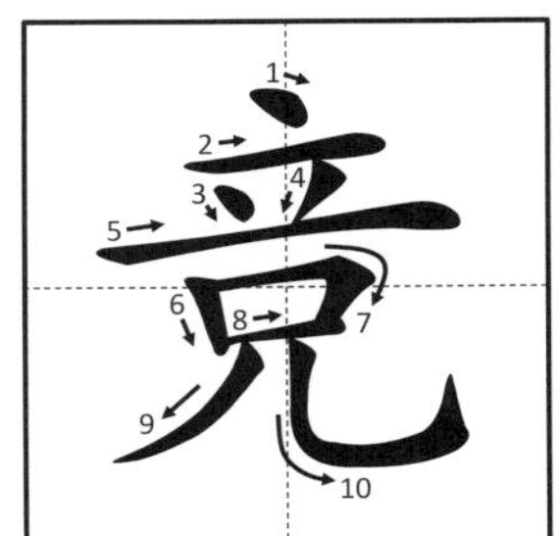

jìng
wetteifern

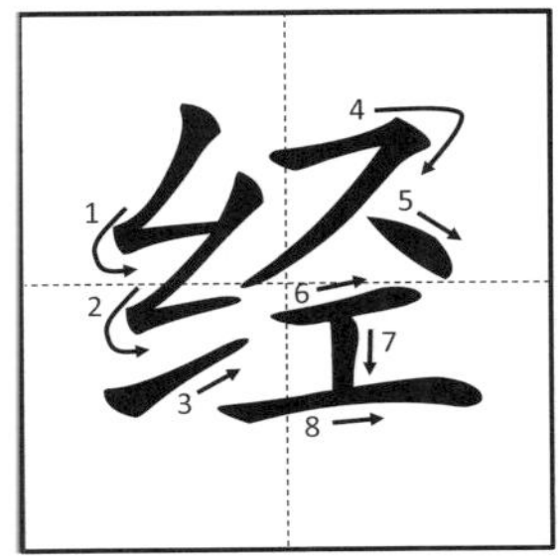

jīng
führen; durch

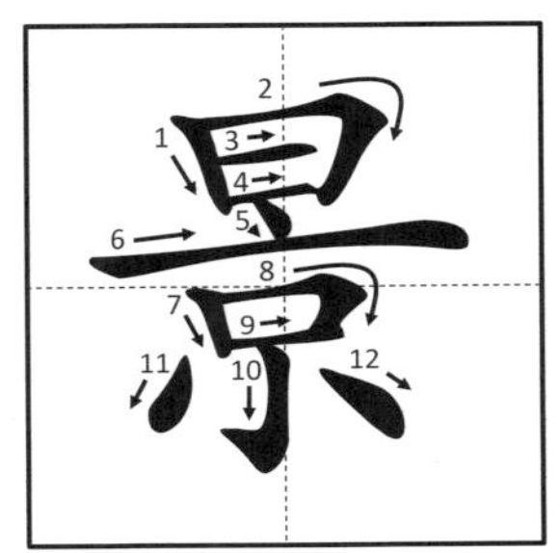

jǐng
Aussicht

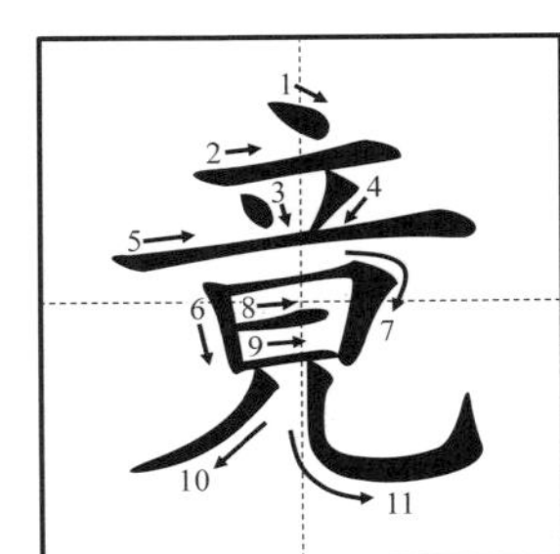

jìng
schließlich

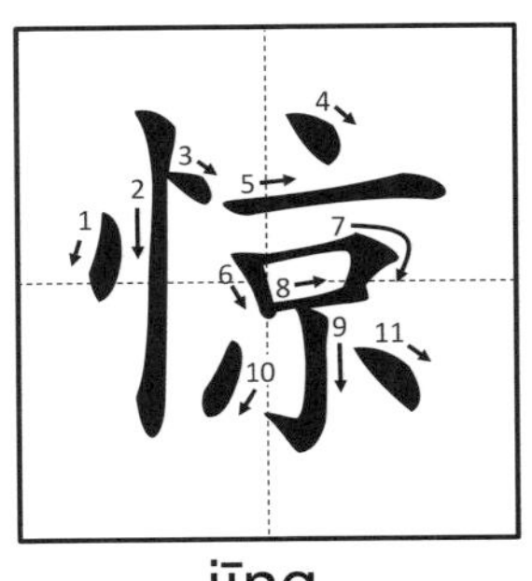

jīng
Schreck

jǐng
warnen

jìng
ruhig

jīng
Augapfel

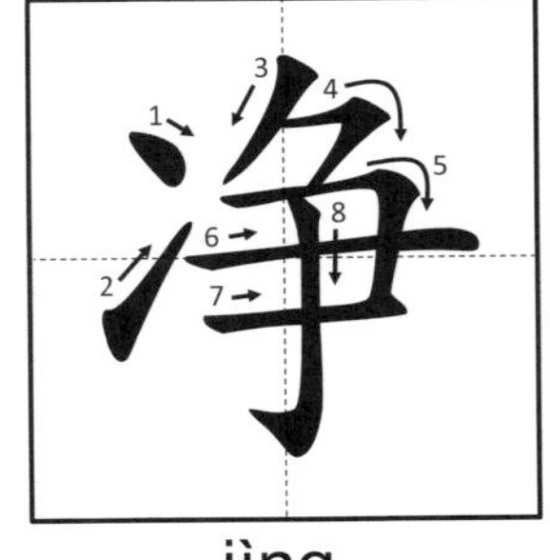

jìng
sauber

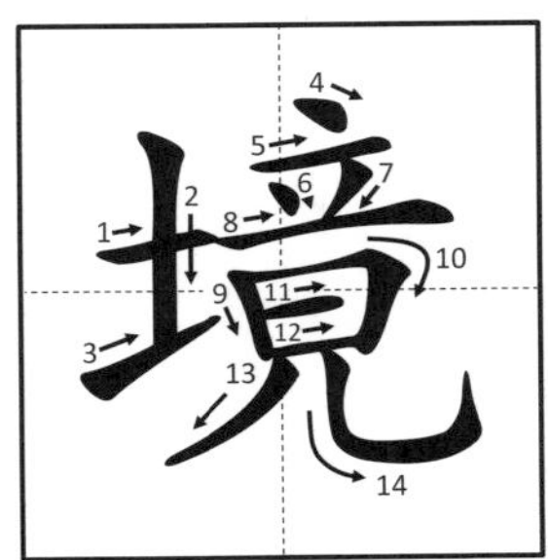

jìng
Gebiet

镜
jìng
Spiegel
九
jiŭ
neun
就
jiù
schon; doch
敬
jìng
verehren
久
jiŭ
lange Zeit
居
jū
wohnen
纠
jiū
sich verwickeln
酒
jiŭ
Alkohol
局
jú
Amt, Behörde
究
jiū
untersuchen
旧
jiù
veraltet
举
jŭ
erheben

句
jù
Satz
俱
jù
vollständig
聚
jù
sammeln
巨
jù
gigantisch
劇
jù
Theaterstück
均
jūn
gleichmäßig
拒
jù
ablehnen
據
jù
gemäß
决
jué
entscheiden
具
jù
Gerät
距
jù
Entfernung
绝
jué
abbrechen

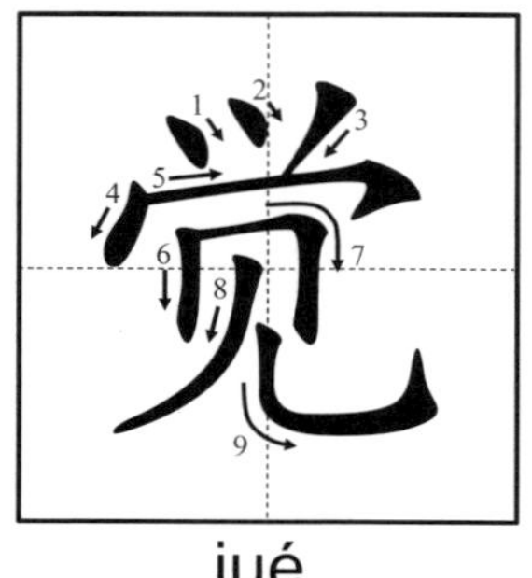

jué
fühlen

kàn
sehen; lesen

kā
Klangwort „ka“

kāng
Gesundheit

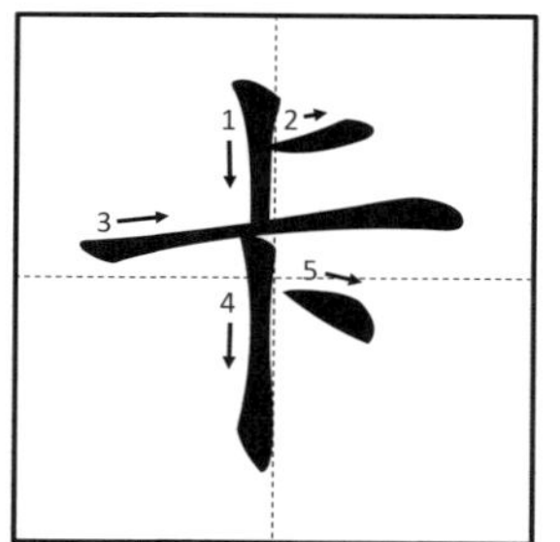

kǎ
Karte

kàng
bekämpfen

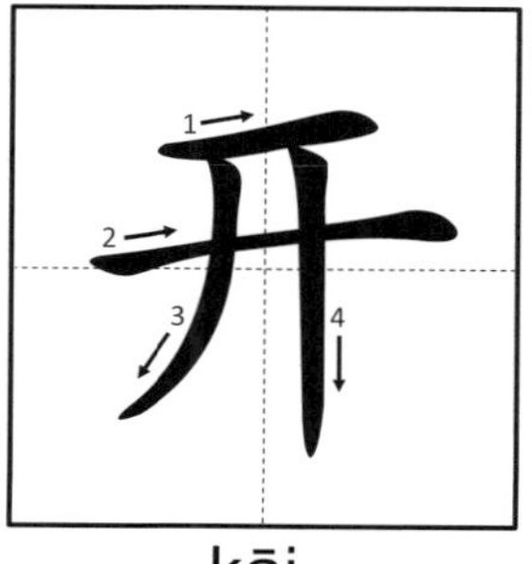

kāi
öffnen

kǎo
prüfen

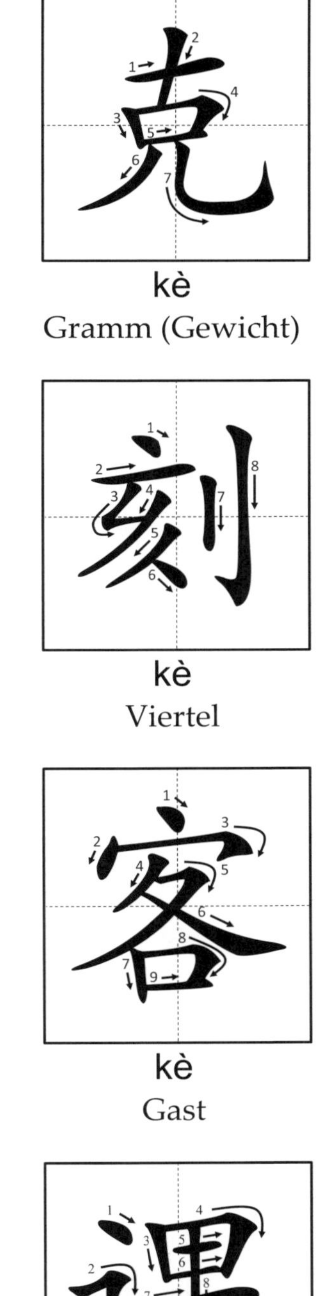

kǎo
backen

ké
husten

kè
Gramm (Gewicht)

kào
anlehnen

ké
Schale

kè
Viertel

kē
Fachgebiet

kě
können; doch

kè
Gast

kē
ZEW Bäume

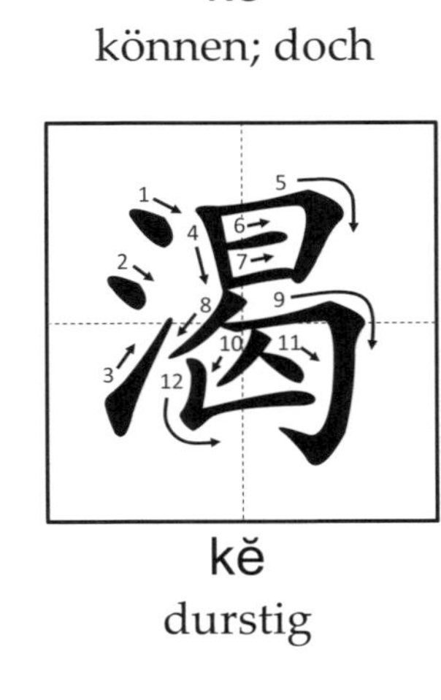

kě
durstig

kè
Lektion

kěn
zustimmen

kǒu
Mund

kù
Lager

kěn
Bitte; inständig

kòu
abziehen

kù
Hose

kōng
leer

kū
weinen

kuài
Stück; Klotz

kǒng
fürchten

kǔ
bitter

kuài
schnell

kuài
Essstäbchen

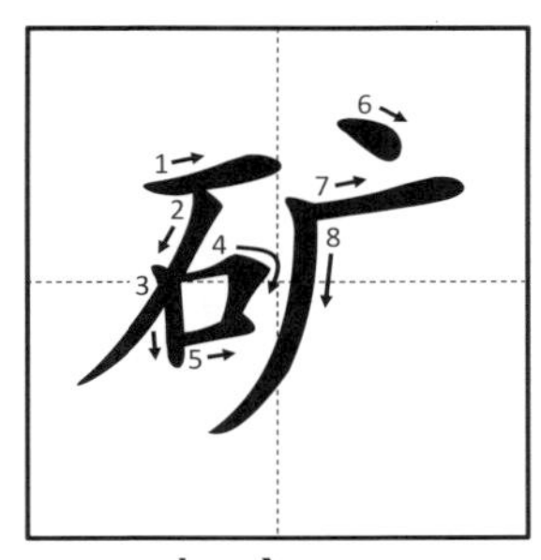

kuàng
Mine

kuān
breit

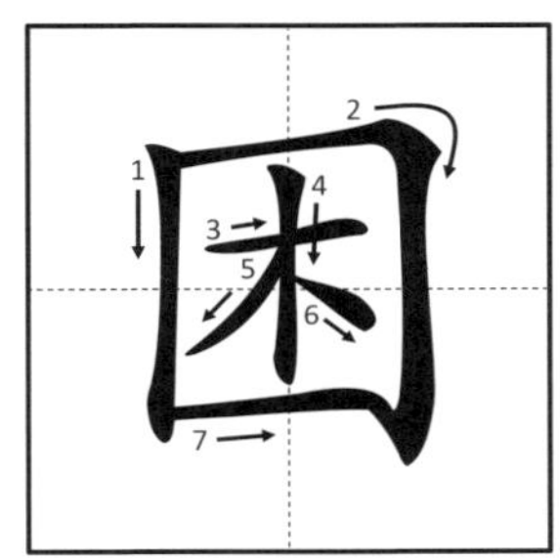

kùn
schläfrig

lā
Müll

kuǎn
Betrag

kuò
erweitern

lā
ziehen

kuàng
Zustand

kuò
einschließen

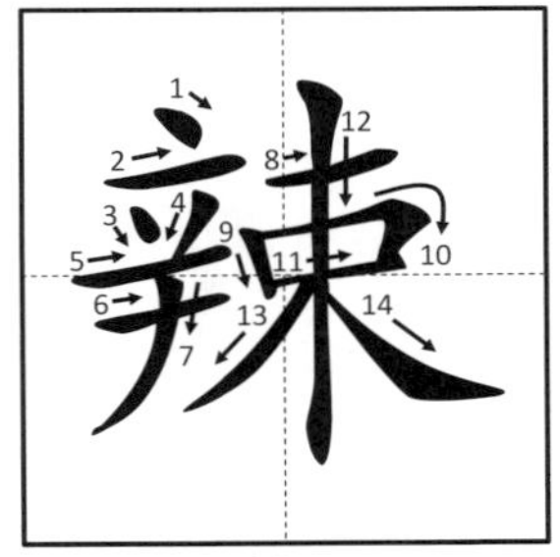

là
scharf

lái kommen	lǎn faul	lǎo Großmutter
lán Orchidee	làng Welle	lè glücklich; Freude
lán blau	láo Arbeit	le Perfekt-Partikel
lán Korb	lǎo alt	lèi Träne

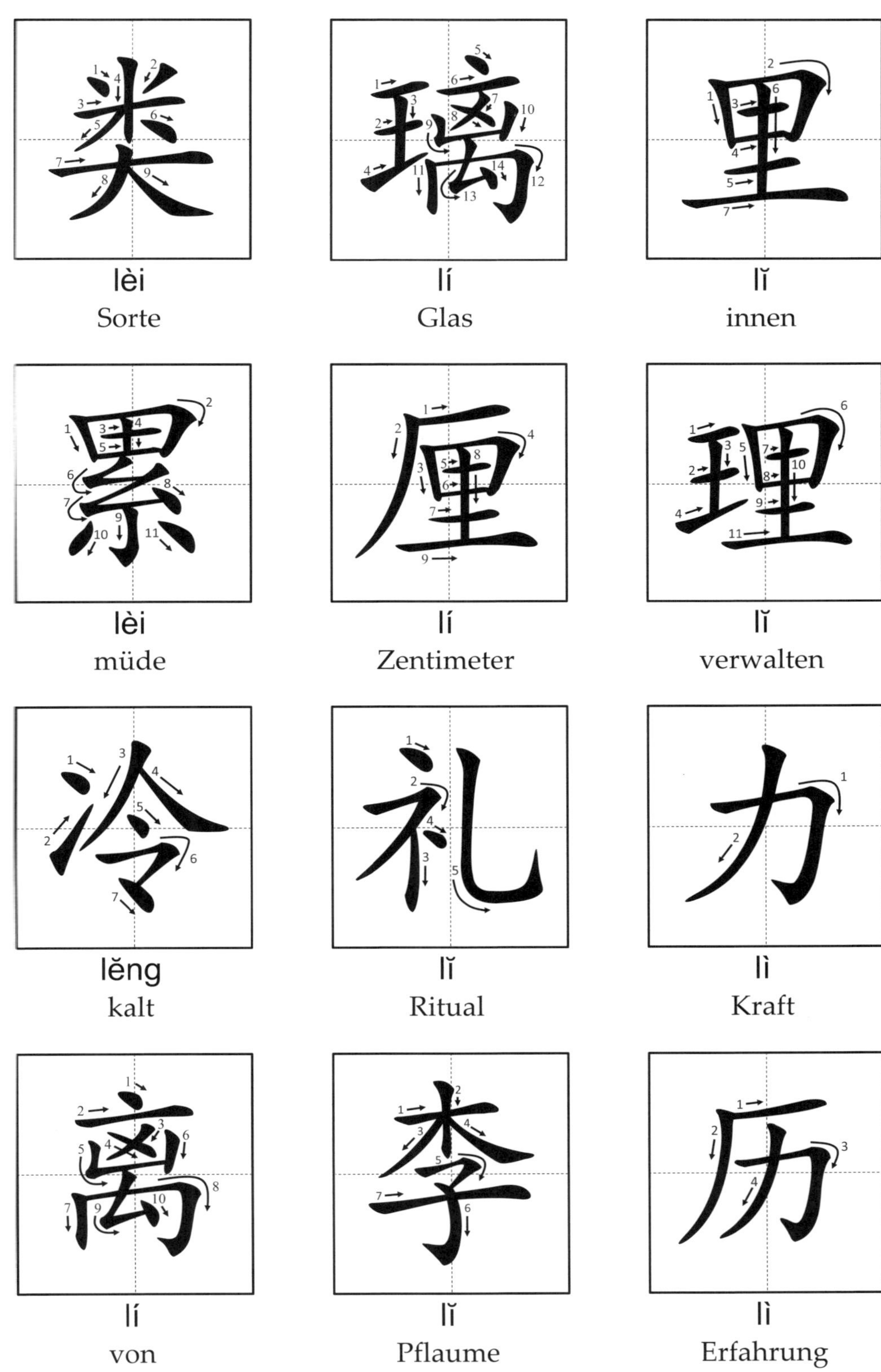
类
lèi
Sorte
璃
lí
Glas
里
lǐ
innen
累
lèi
müde
厘
lí
Zentimeter
理
lǐ
verwalten
冷
lěng
kalt
礼
lǐ
Ritual
力
lì
Kraft
离
lí
von
李
lǐ
Pflaume
历
lì
Erfahrung

厉
lì
rigoros
利
lì
Gewinn
怜
lián
bemitleiden
立
lì
stehen
例
lì
Beispiel
联
lián
verbinden
丽
lì
schön
俩
liă
zwei
脸
liăn
Gesicht
励
lì
ermutigen
连
lián
sogar
练
liàn
üben

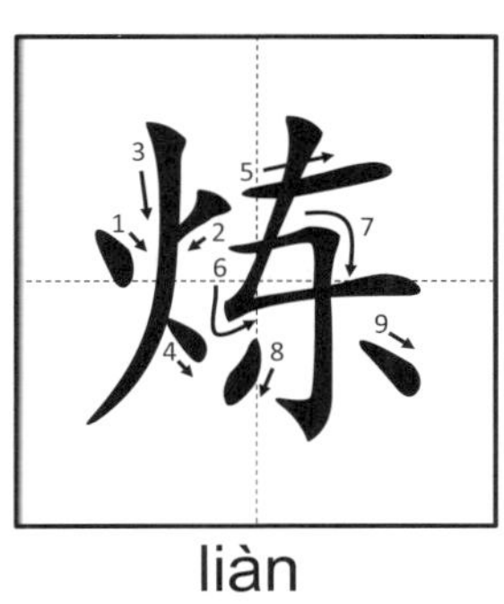

liàn
schmelzen

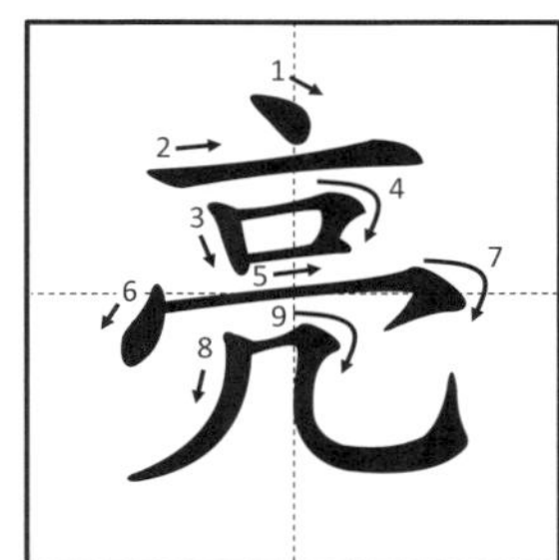

liàng
glänzend, hell

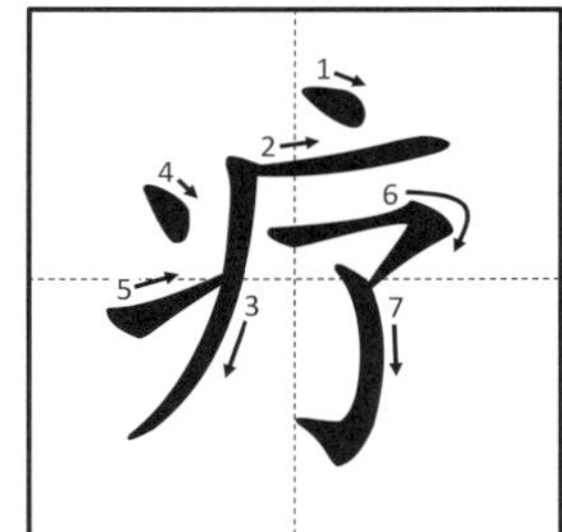

liáo
Behandlung

liáng
kühl

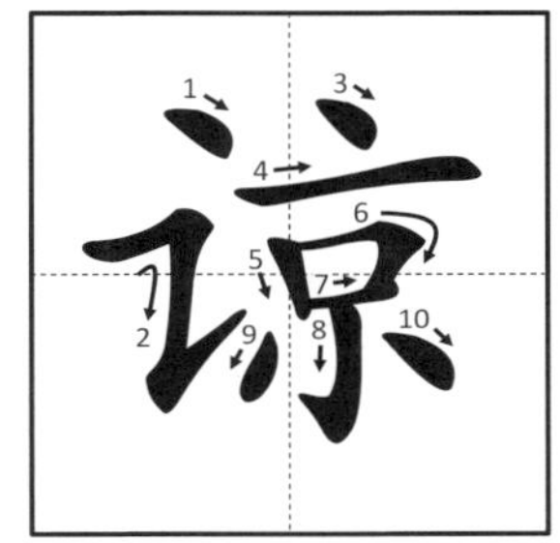

liàng
verzeihen

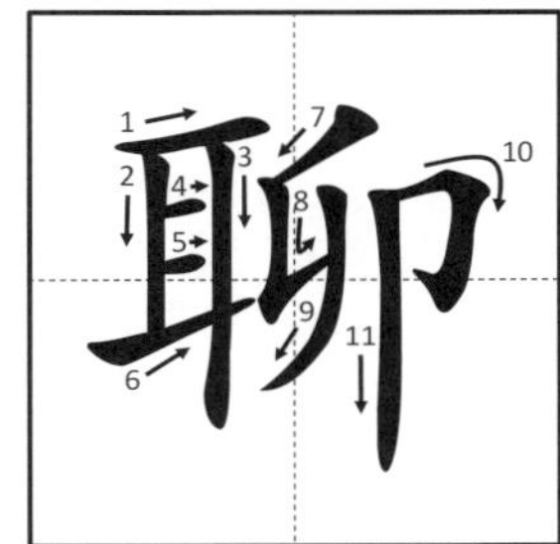

liáo
plaudern

liáng
gut, fein

liàng
ZEW Fahrzeug

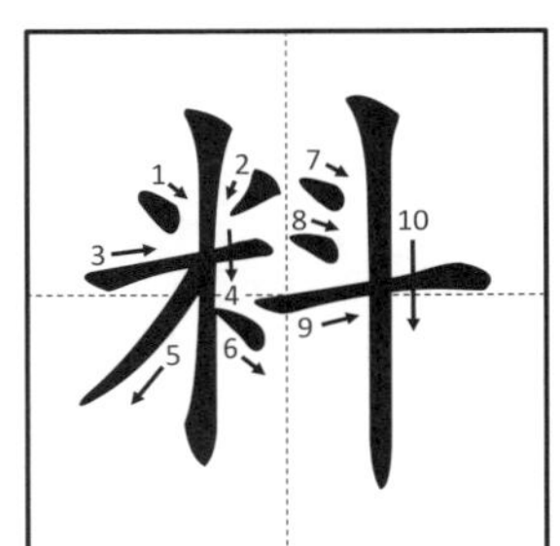

liào
Stoff

liǎng
zwei

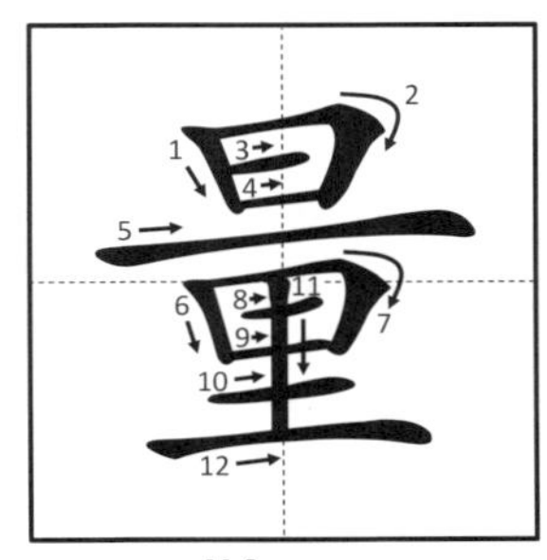

liàng
Quantität

liè
Reihe

lín
benachbart

líng
Lebensjahr

liú
fließen

lín
nahekommen

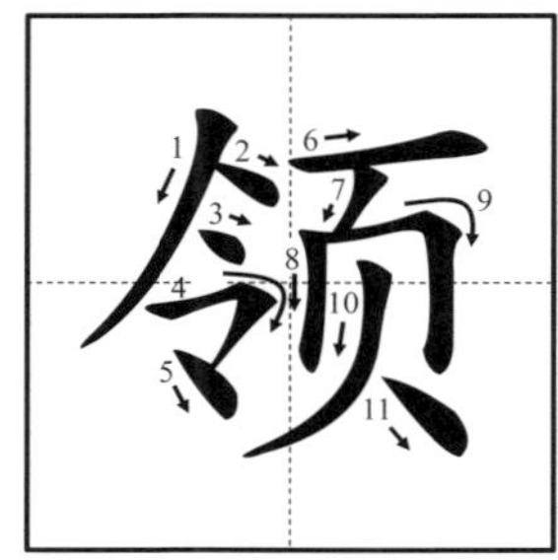

lǐng
leiten

liú
zügig

lín
Wald

lìng
zusätzlich

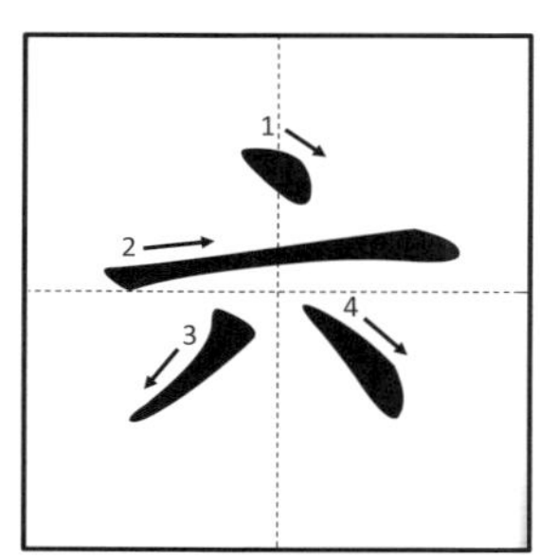

liù
sechs

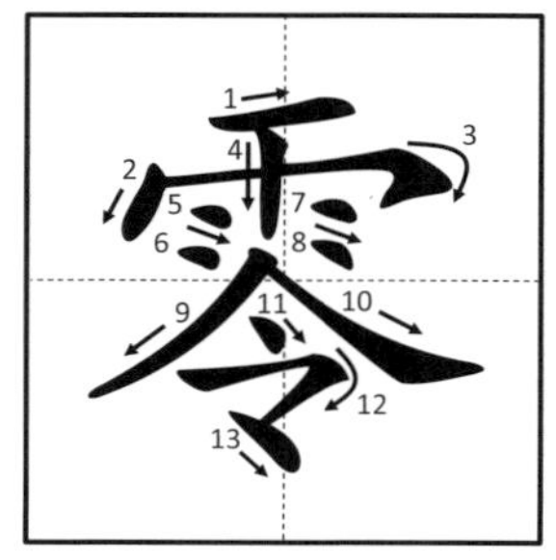

líng
null

liú
bleiben

lóng
Drache

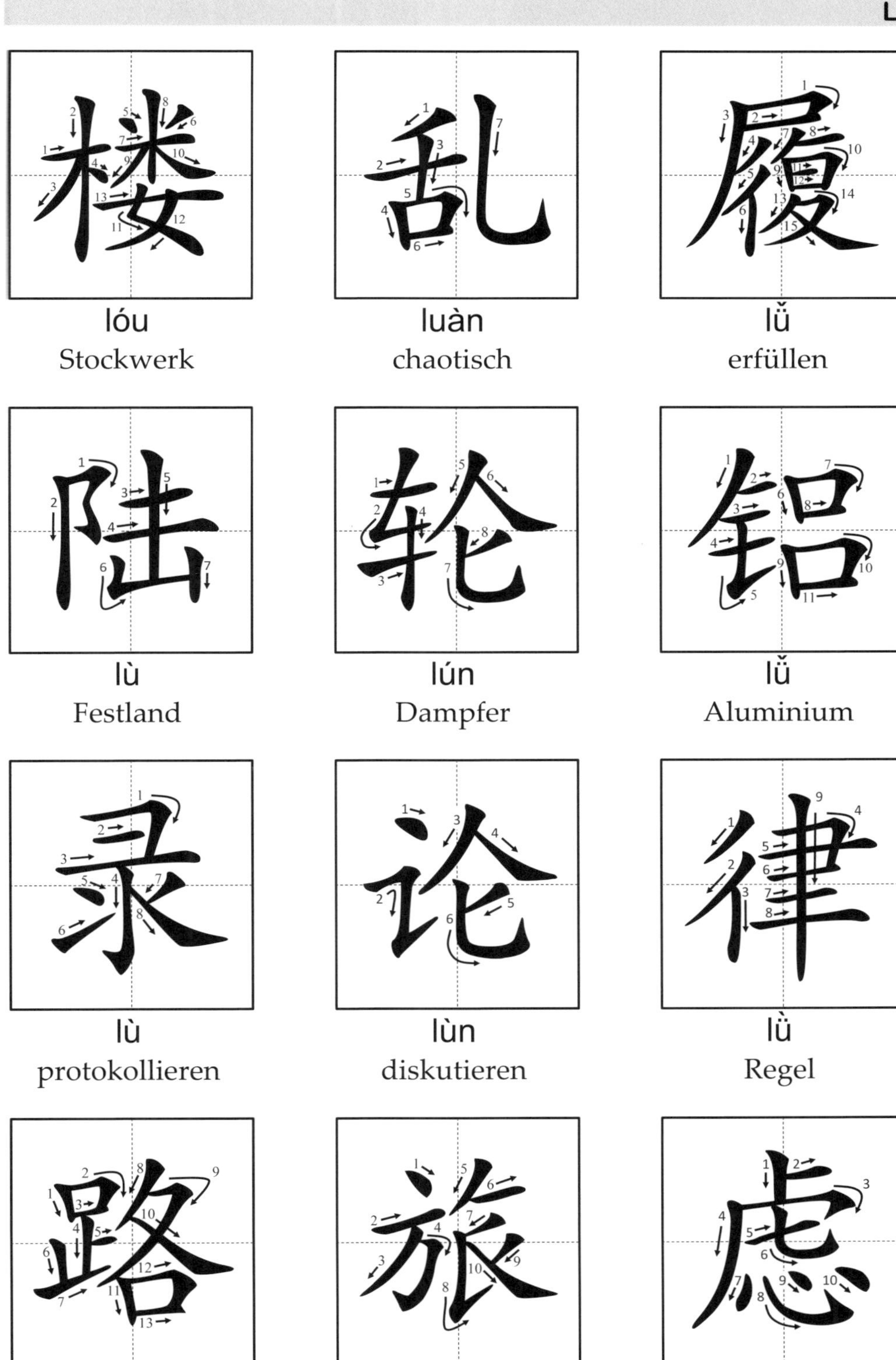
楼
lóu
Stockwerk
乱
luàn
chaotisch
履
lǚ
erfüllen
陆
lù
Festland
轮
lún
Dampfer
铝
lǚ
Aluminium
录
lù
protokollieren
论
lùn
diskutieren
律
lǜ
Regel
路
lù
Straße
旅
lǚ
reisen
虑
lǜ
Sorge

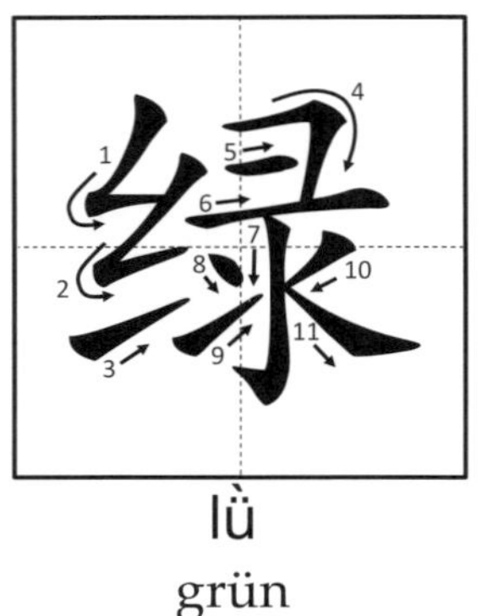

lǜ
grün

mǎ
Nummer

mā
Mama

ma
Fragepartikel

má
Flachs; Leinen

mǎi
kaufen

mǎ
Pferd

mài
verkaufen

màì
Markierung

máng
beschäftigt

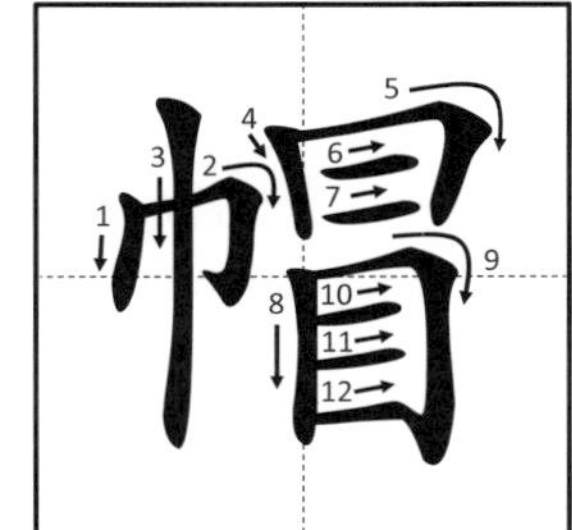

mào
Mütze

măn
voll

māo
Katze

mào
Aussehen

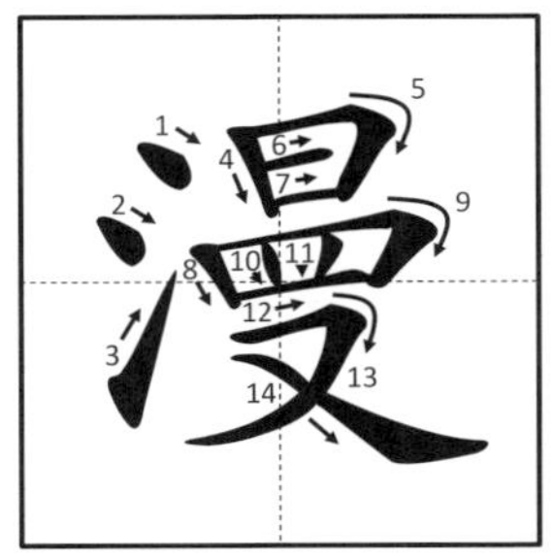

màn
überfließen

máo
Haar; Wolle

mào
Handel treiben

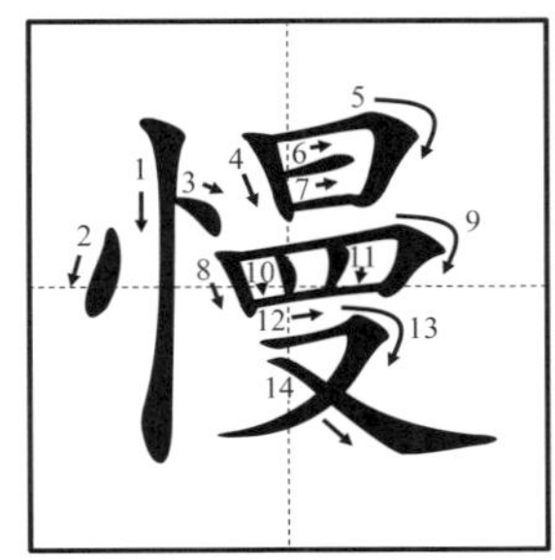

màn
langsam

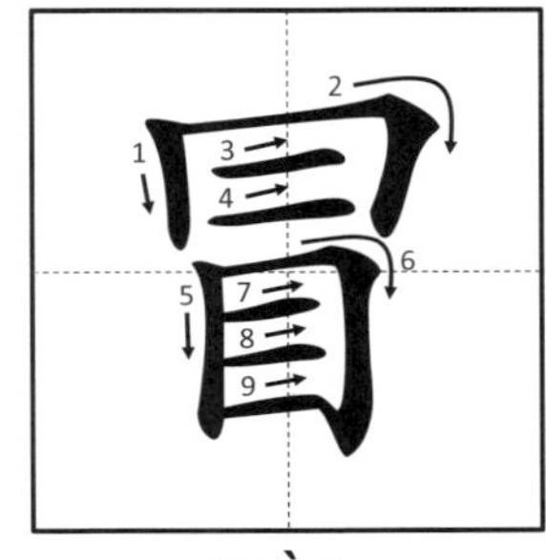

mào
hochsteigen

me
Suffix

没
méi
nicht
门
mén
Tür
迷
mí
irregehen
每
měi
jeder
们
men
Pluralpartikel
米
mǐ
Reis
美
měi
schön; Schönheit
蒙
méng
bedecken
密
mì
geheim; dicht
妹
mèi
jüngere Schwester
梦
mèng
Traum
棉
mián
Baumwolle

miăn
freistellen

mĭn
Behälter

mó
Membran

miàn
Fläche; Nudeln

míng
Name

mò
Ende

miăo
Sekunde

míng
hell

mò
Schaum

mín
Volk

mìng
Leben

mò
tauchen

mò
stumm

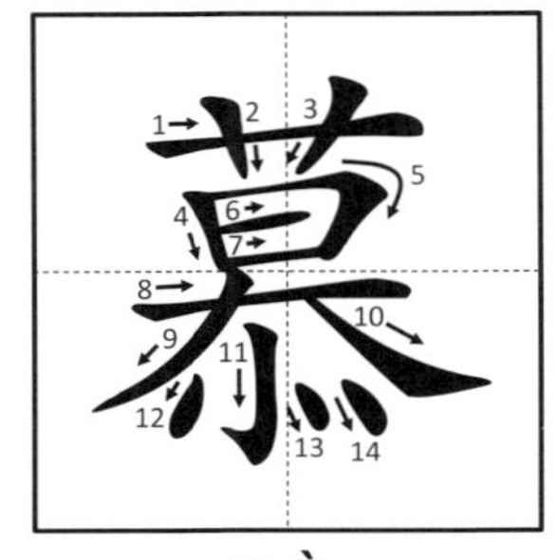

mù
verehren

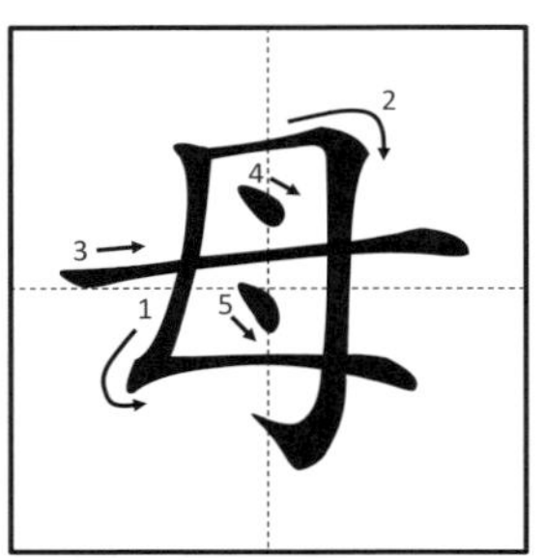

mŭ
Mutter

ná
nehmen

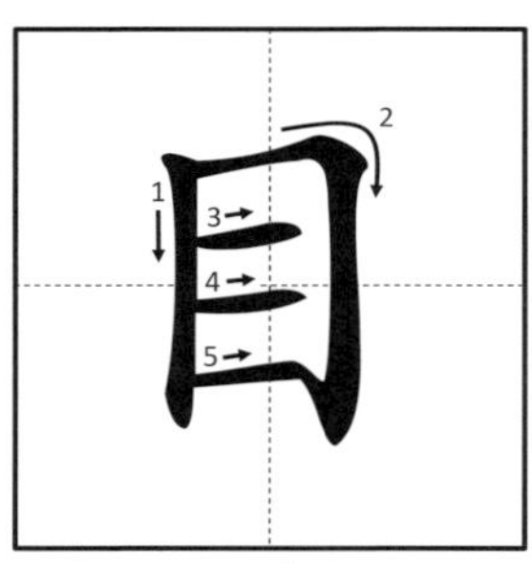

mù
Auge

nă
welcher, -e, -es

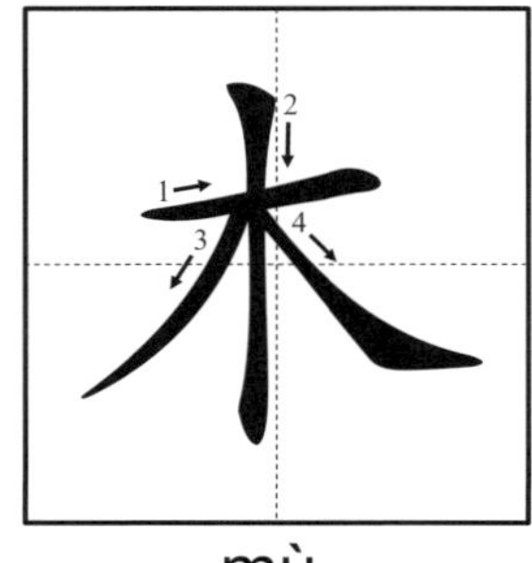

mù
Holz

nà
jener, -e, -es

nǎi
Milch

nán
schwierig

ne
Fragepartikel

nài
ertragen

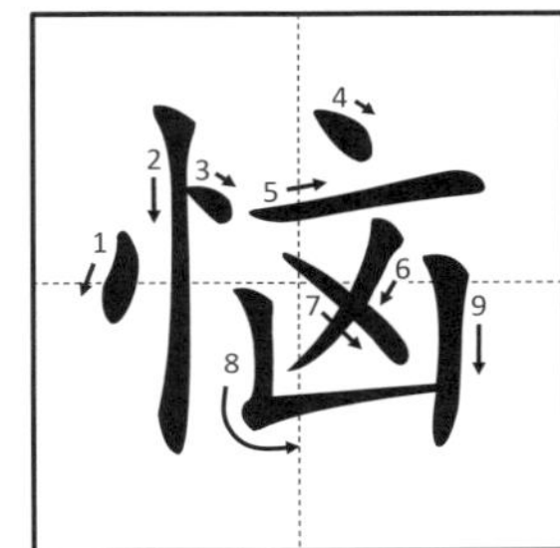

nǎo
ärgerlich werden

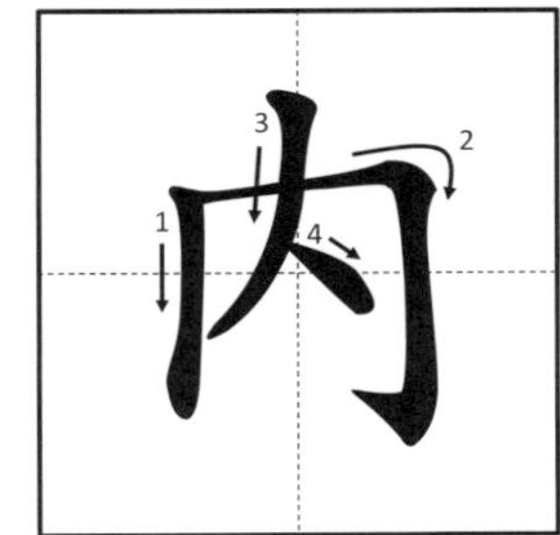

nèi
innen

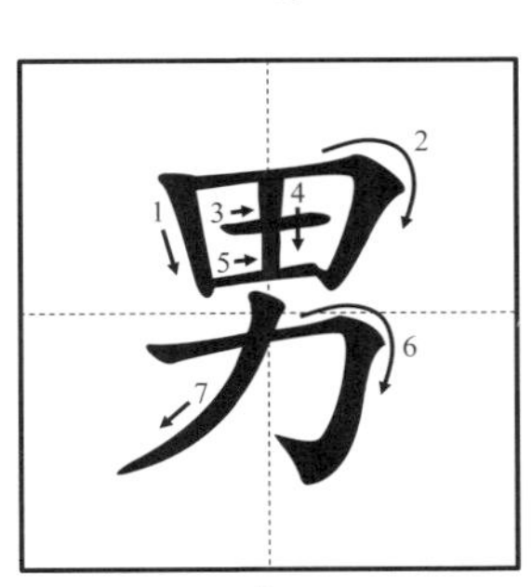

nán
männlich

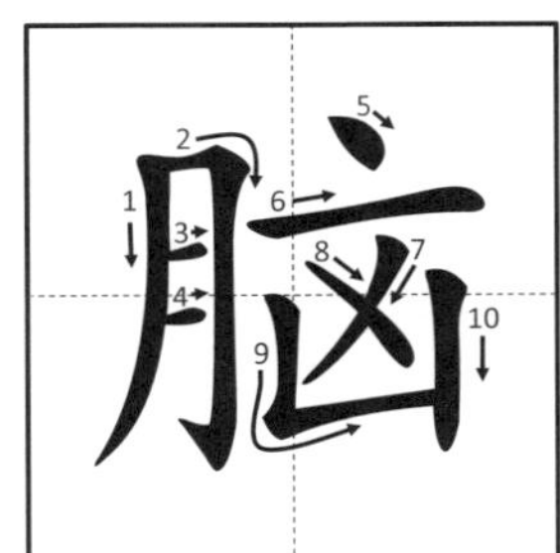

nǎo
Gehirn

néng
können

nán
Süden

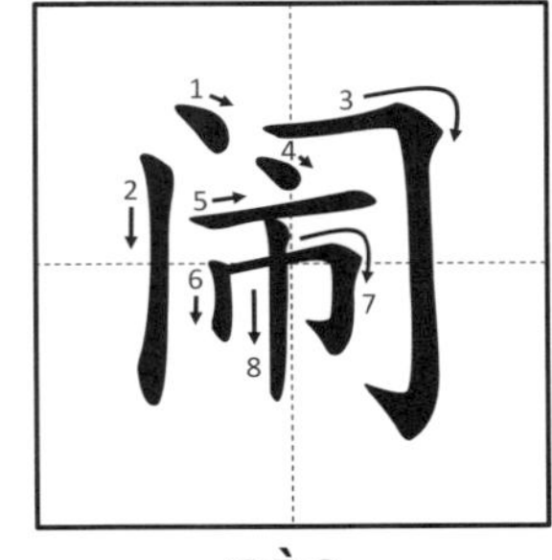

nào
laut, lärmend

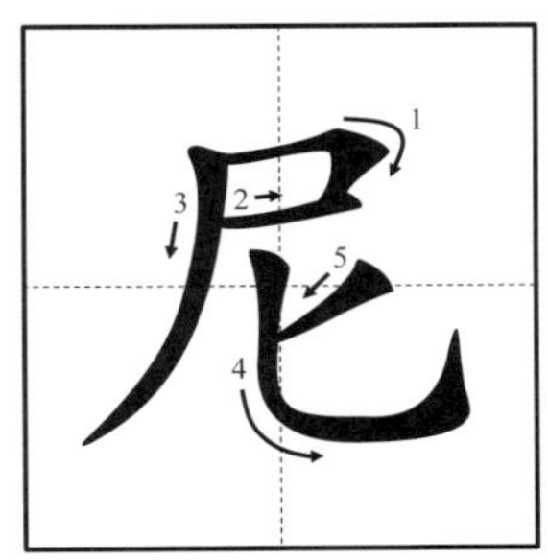

ní
Nonne

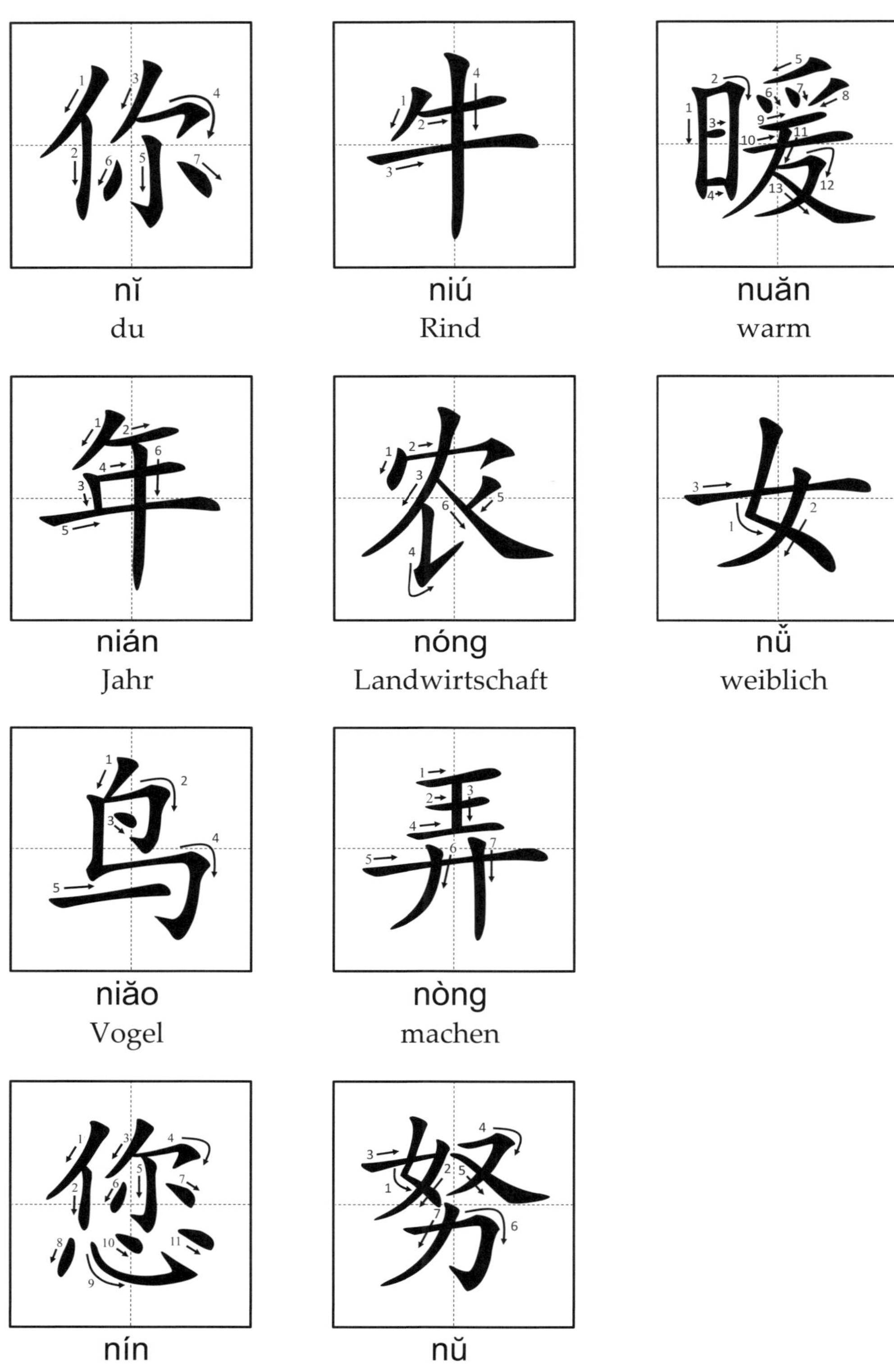

你
nǐ
du
牛
niú
Rind
暖
nuǎn
warm
年
nián
Jahr
农
nóng
Landwirtschaft
女
nǚ
weiblich
鸟
niǎo
Vogel
弄
nòng
machen
您
nín
Sie
努
nǔ
sich anstrengen

pái
Schild

ōu
Europa

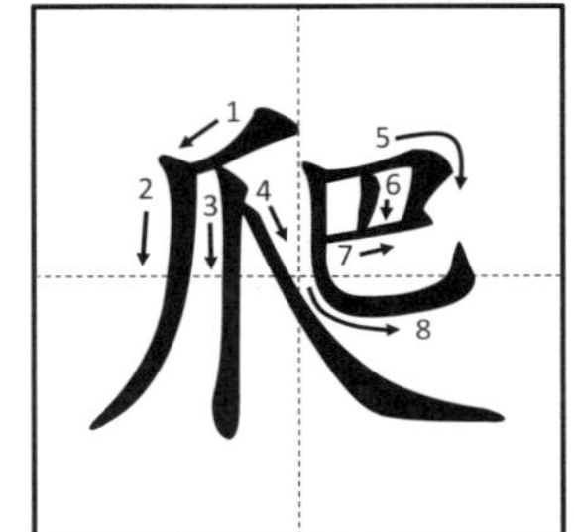

pá
klettern

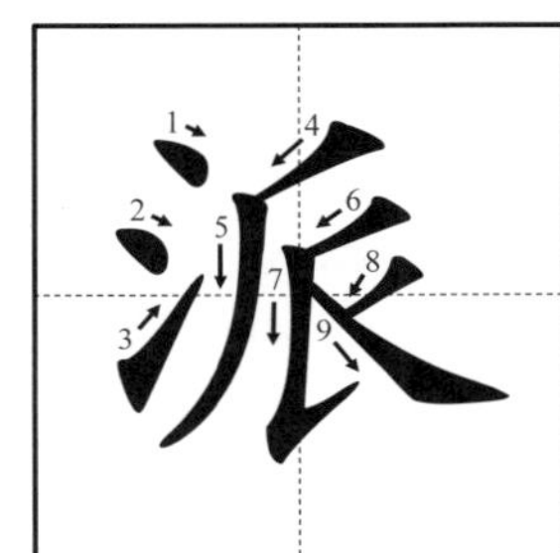

pài
entsenden

ǒu
manchmal

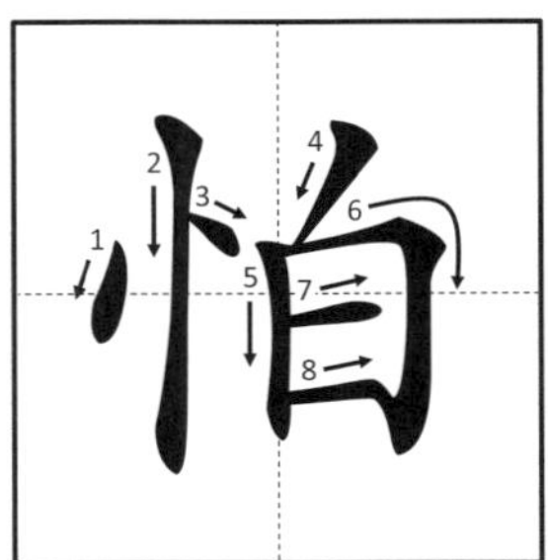

pà
Angst haben

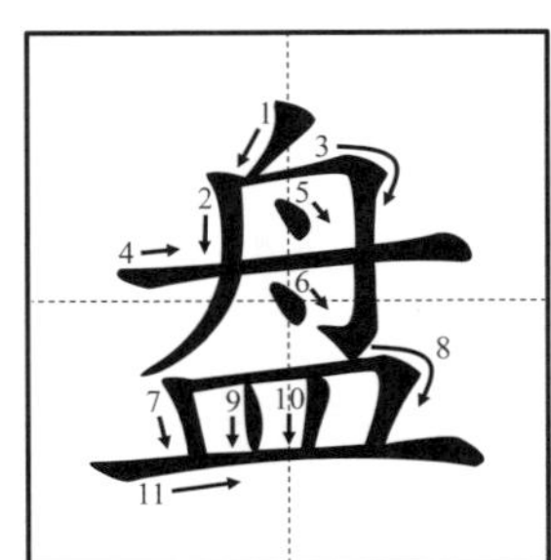

pán
Teller

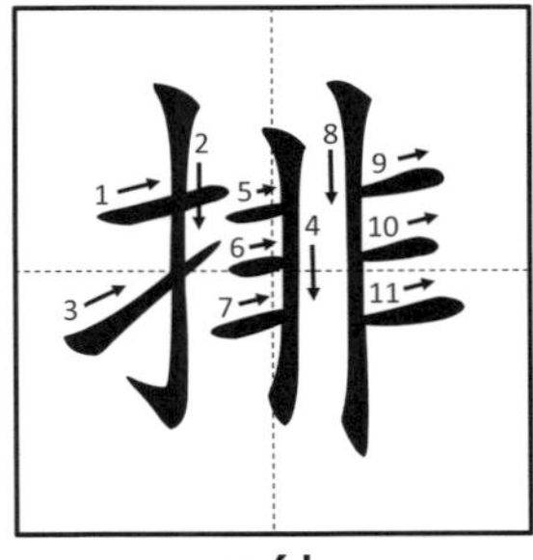

pái
aufreihen

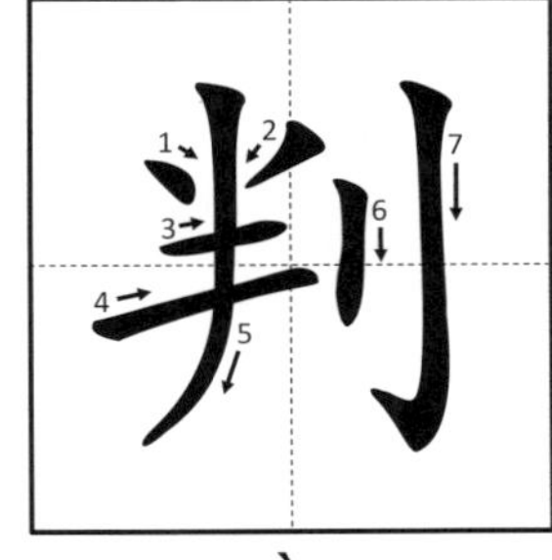

pàn
urteilen

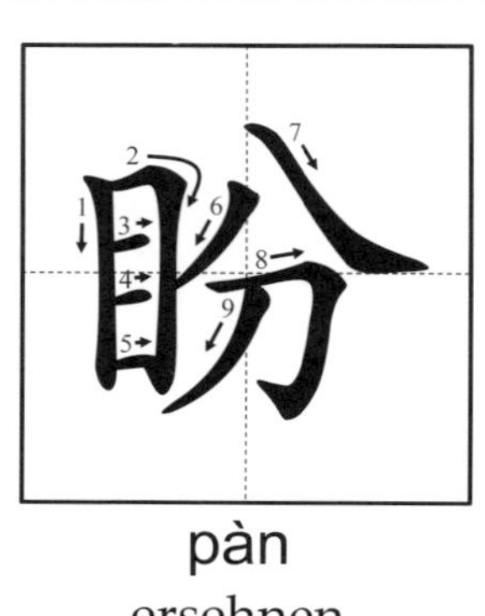

pàn
ersehnen

pǎo
laufen

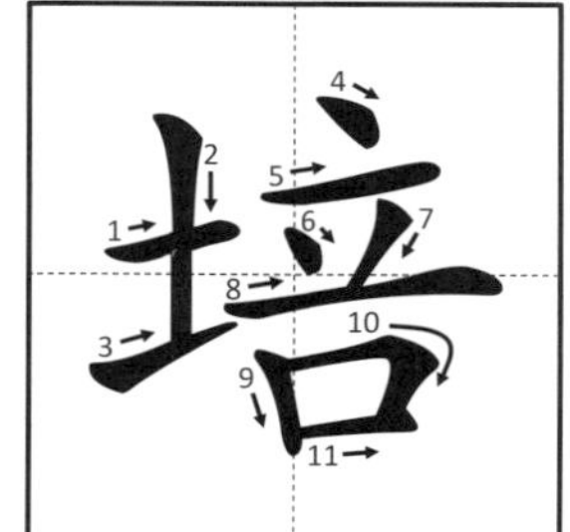

péi
anhäufen

pāng
Schallwort

pào
Blase

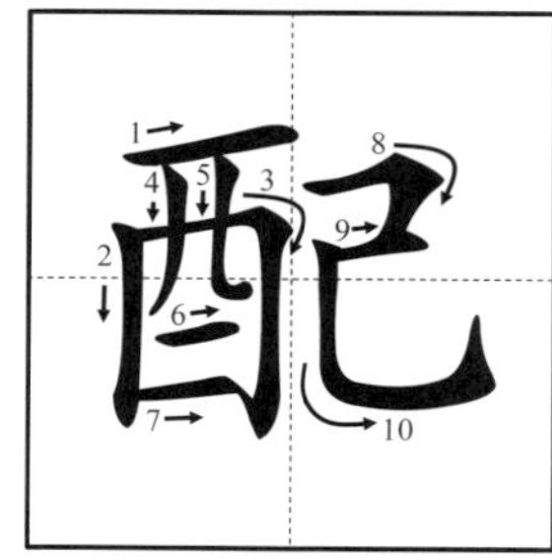

pèi
zusammenpassen

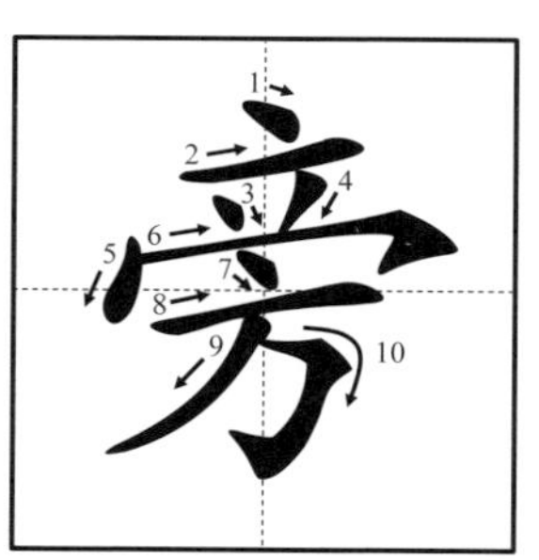

páng
seitlich

péi
begleiten

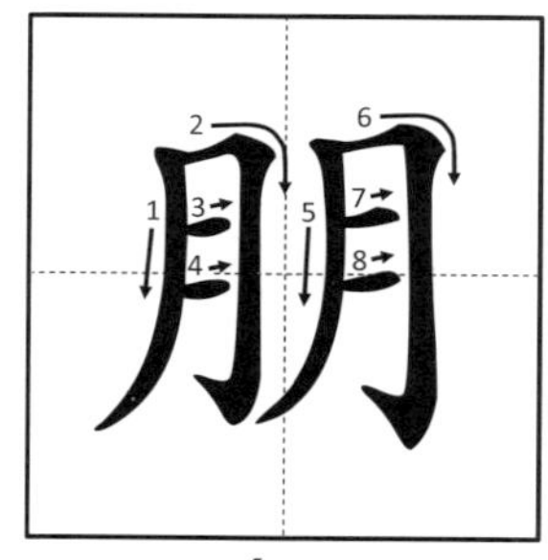

péng
Kamerad

pàng
fett

péi
entschädigen

pī
kritisieren

pí
Haut, Schale

pián
günstig

piào
Ticket, Karte

pí
Bier

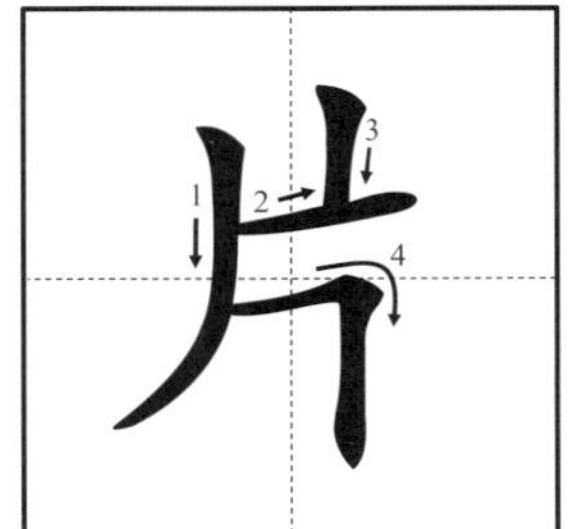
piàn
Scheibe

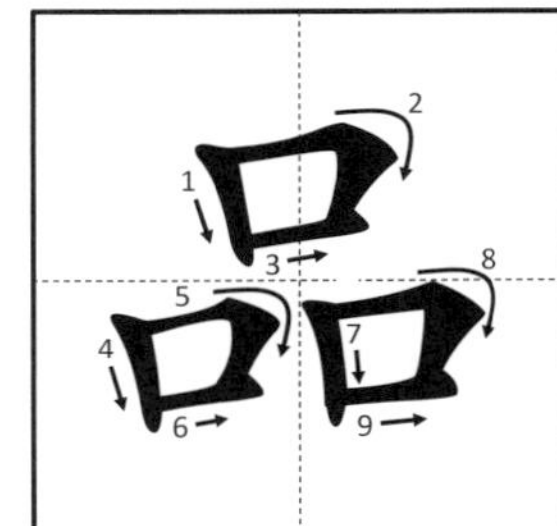
pǐn
Ware

pí
Milz

piàn
beschummeln

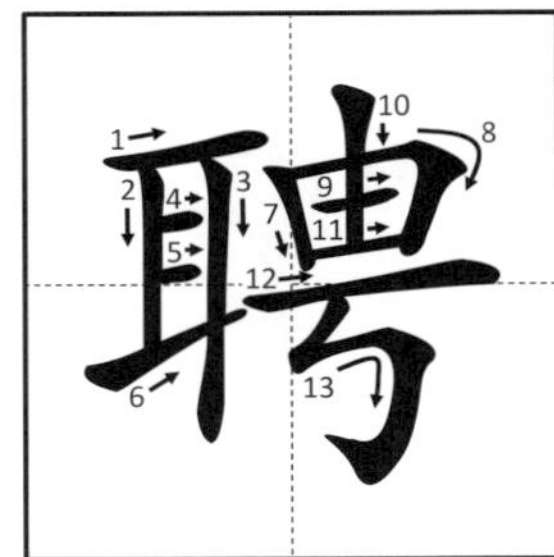
pìn
einstellen

piān
ZEW Aufsätze

piào
hübsch

pīng
Schallwort

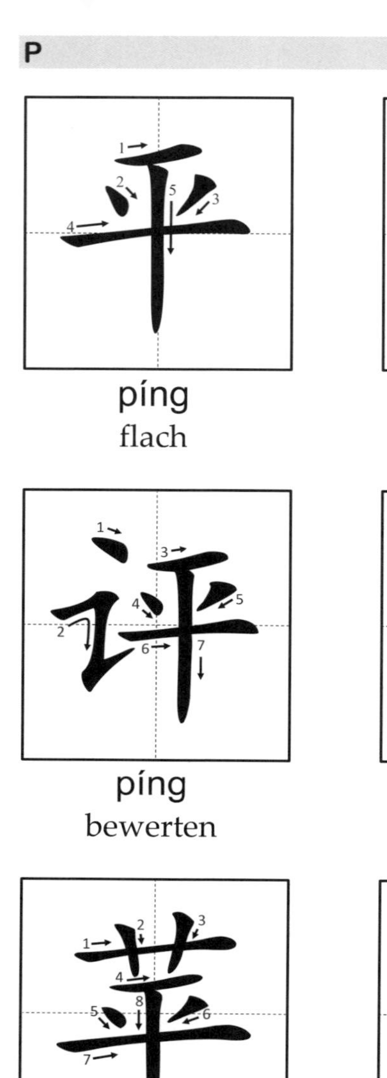

píng
flach

pō
übergießen

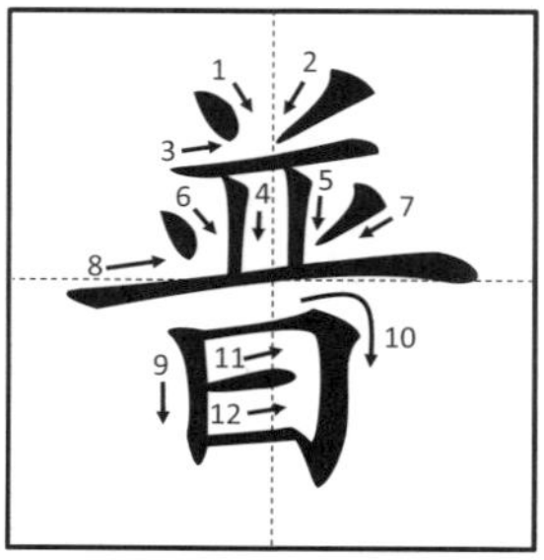

pŭ
weit verbreitet

píng
bewerten

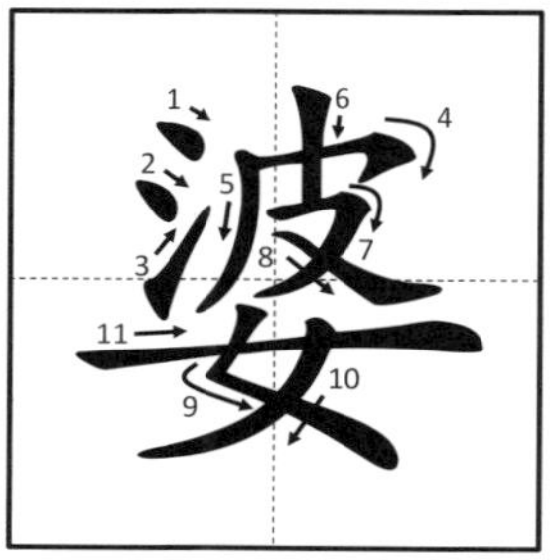

pó
alte Frau

píng
Apfel

pò
kaputt

píng
Flasche

pú
Traube

qī
Zeitraum

qí
sonderbar

qī
sieben

qí
gleichmäßig

qí
reiten

qī
Ehefrau

qí
dessen

qǐ
aufstehen

qī
Verwandter

qí
glücklich; gut

qì
Luft

qì
Gerät

qiān
Blei

qiàn
Entschuldigung

qì
wegwerfen

qiān
unterschreiben

qiáng
Wand

qì
Gas

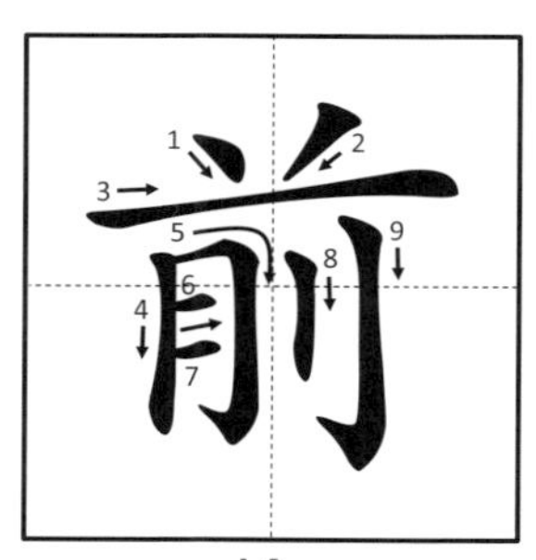

qián
vorne

qiāo
klopfen

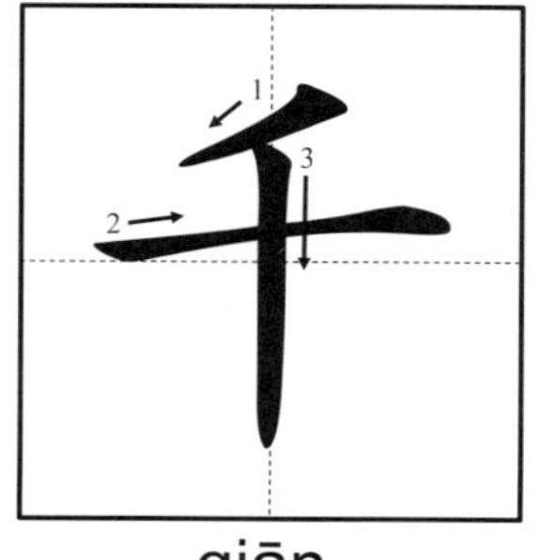

qiān
tausend

qián
Geld

qiáo
Brücke

qiǎo
geschickt

qín
Zither

qǐng
bitten

qiě
sogar; auch

qīng
leicht

qióng
arm

qiè
entsprechen

qīng
sauber, klar

qiū
Herbst

qīn
Blutsverwandter

qíng
Gefühl

qiú
erbitten

球
qiú
Ball
去
qù
hingehen
权
quán
Recht
区
qū
Gebiet
趣
qù
Interesse
缺
quē
fehlen
取
qŭ
etwas abholen
全
quán
ganz
却
què
jedoch
娶
qŭ
zur Frau nehmen
泉
quán
Quelle
确
què
tatsächlich

què
diskutieren

rǎo
stören

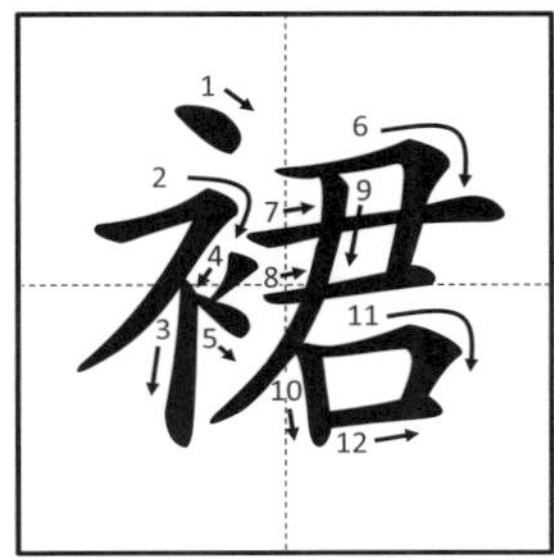

qún
Rock

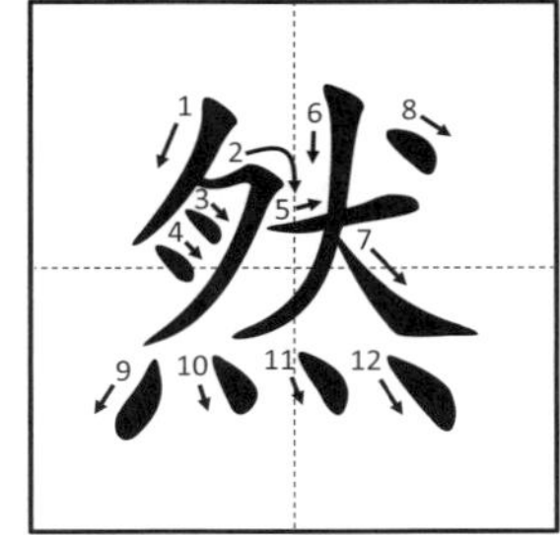

rán
so

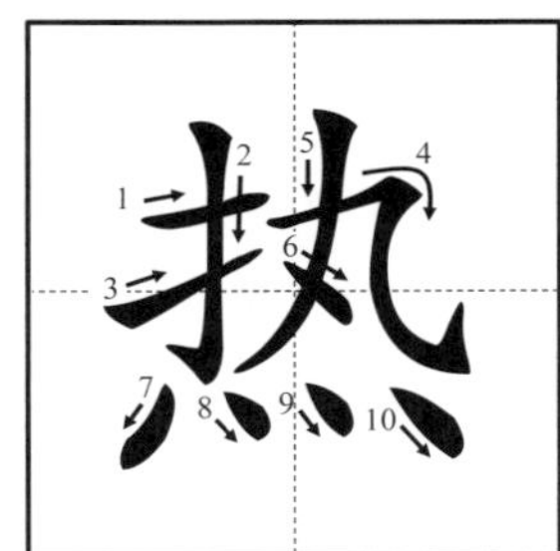

rè
warm

qún
Menge

rǎn
färben

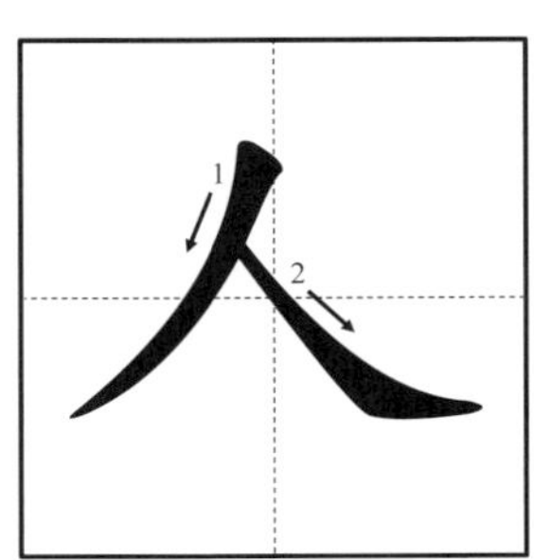

rén
Mensch

ràng
lassen

rèn
erkennen

rèn
egal wie

róng
zulassen

rú
wie

rēng
schmeißen

róng
schmelzen

rù
hineintreten

réng
noch

róng
Ehre

ruǎn
weich

rì
Sonne; Tag

ròu
Fleisch

rùn
feucht

ruò
wenn, falls

sàn
auseinandergehen

sài
Wettkampf

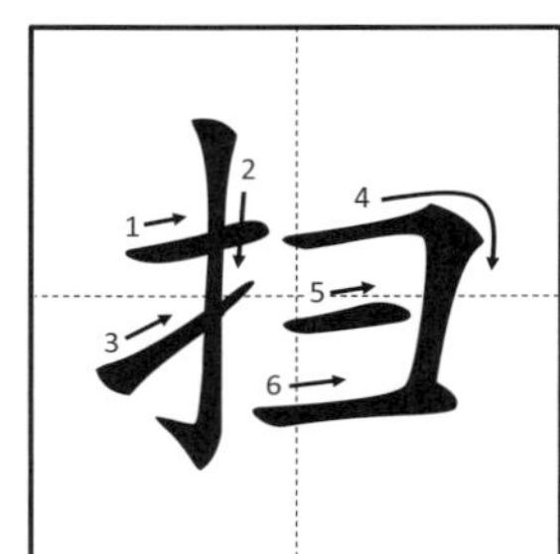

sǎo
fegen

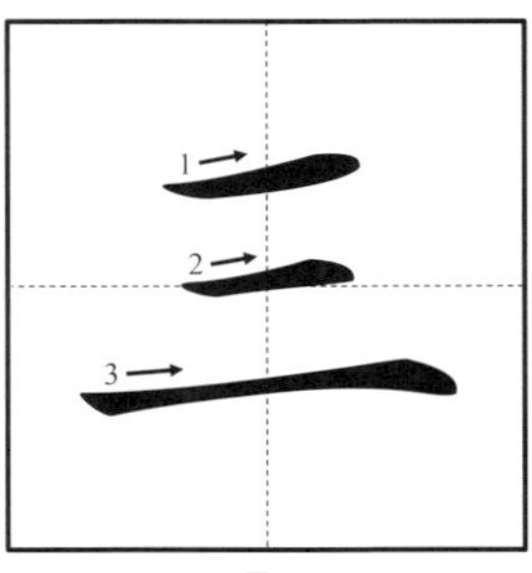

sān
drei

sè
Farbe

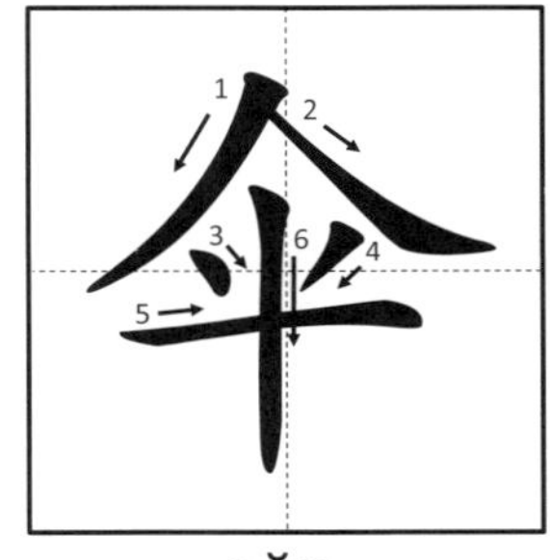

sǎn
Schirm

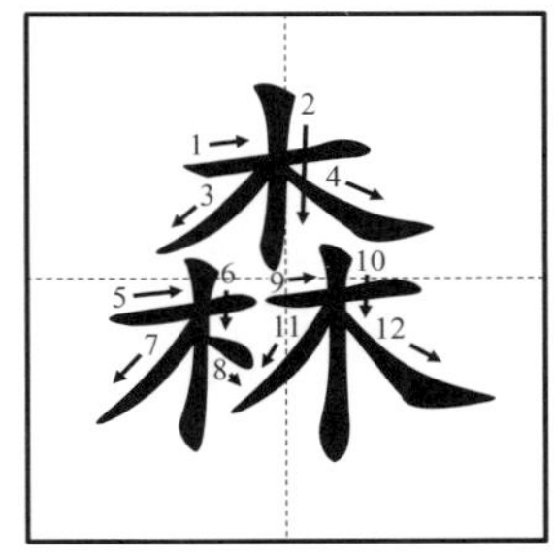

sēn
Wald

shā
Sand

shāng
schaden

shāo
braten

shān
Berg

shāng
Handel

shāo
ein bisschen

shān
Hemd

shàng
oben

sháo
Löffel

shàn
gutherzig

shàng
noch

shǎo
wenig

shào
fortsetzen

shēn
Körper

shèn
sehr

shè
Gesellschaft

shēn
tief

shēng
gebären

shè
aufstellen

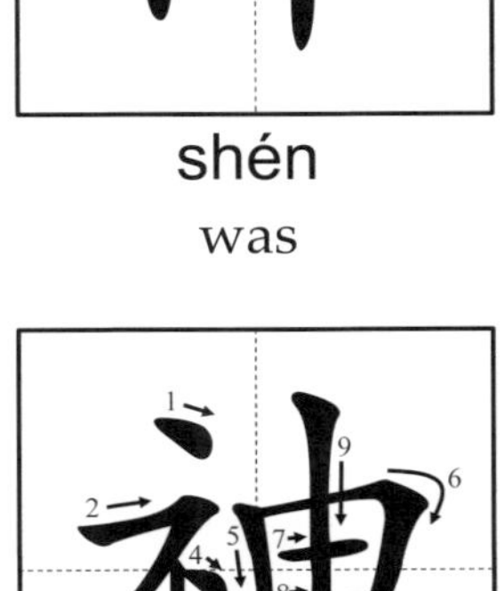

shén
was

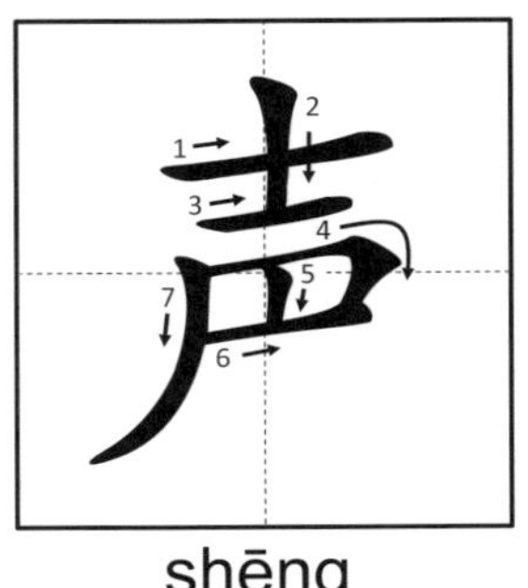

shēng
Stimme

shēn
bewerben

shén
Seele

shěng
Provinz; sparen

剩
shèng
übrig lassen
师
shī
Meister
时
shí
Zeit
圣
shèng
heilig
狮
shī
Löwe
识
shí
kennen
胜
shèng
übertreffen
湿
shī
nass
实
shí
solide, fest
失
shī
verlieren
十
shí
zehn
拾
shí
auflesen

shí
Lebensmittel

shì
zeigen

shì
Sache

shǐ
Geschichte

shì
Welt

shì
probieren

shǐ
lassen

shì
Markt

shì
sehen

shǐ
anfangen

shì
Mode, Stil

shì
Kakifrucht

shì
sein; ja

shi
Schlüssel

shǒu
Haupt

shì
angenehm

shōu
erhalten

shòu
empfangen

shì
Zimmer

shǒu
einhalten

shòu
lehren, beibringen

shì
erklären

shǒu
Hand

shòu
verkaufen

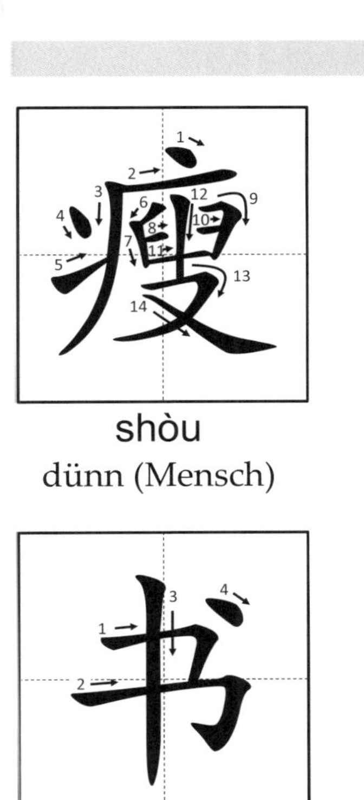

shòu
dünn (Mensch)

shū
entfalten

shǔ
Kategorie

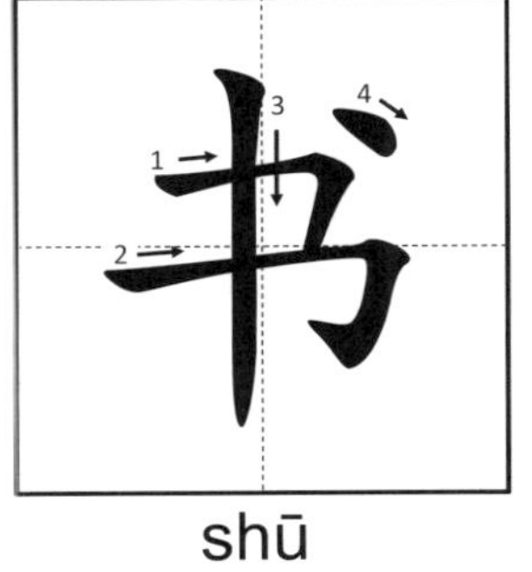

shū
Buch

shū
verlieren

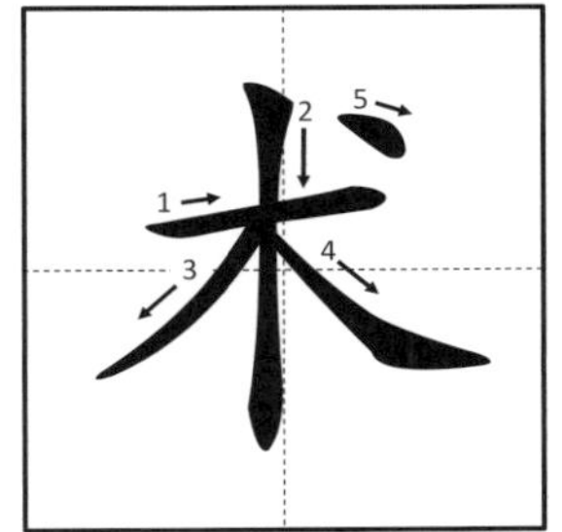

shù
Fertigkeit

shū
besonders

shú
reif

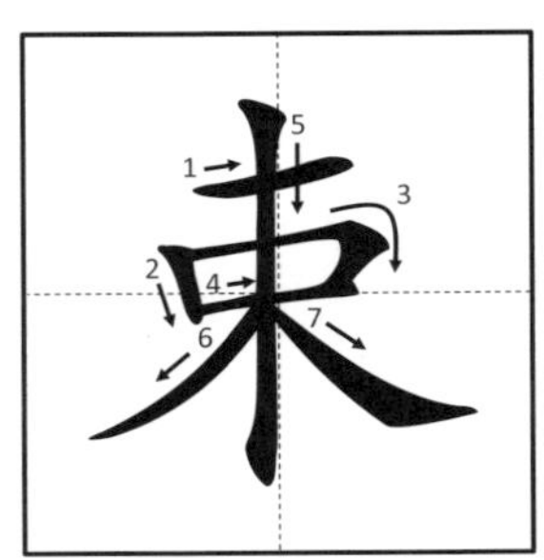

shù
beenden; Bündel

shū
Onkel

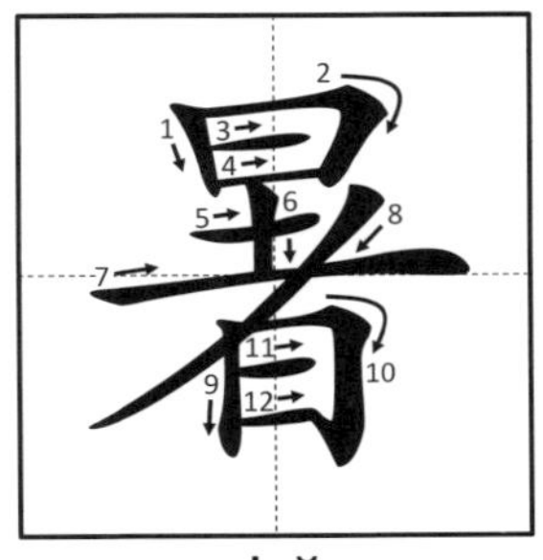

shǔ
Hitze

shù
Baum

shù
Anzahl; Zahl

shuí / shéi
wer

shùn
reibungslos

shuā
bürsten

shuǐ
Wasser

shuō
sprechen

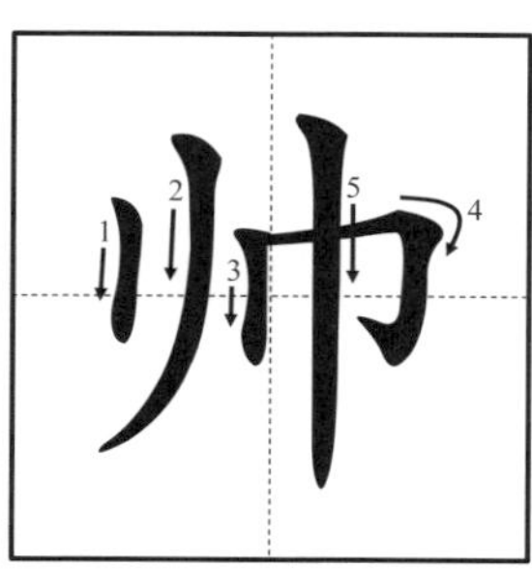

shuài
gutaussehend

shuì
schlafen

shuò
riesig

shuāng
Paar

shuì
Steuer

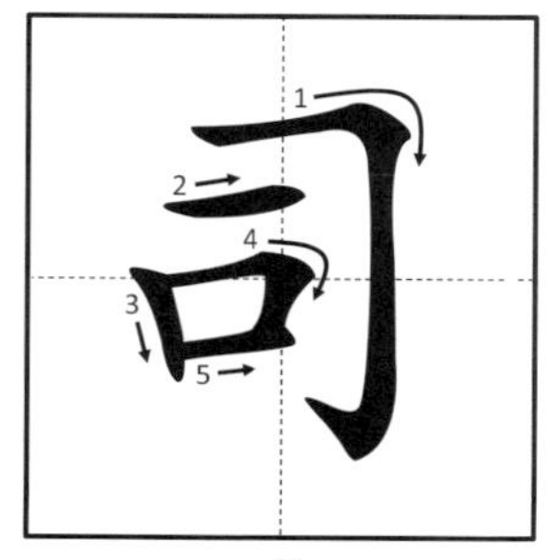

sī
führen

sī
überlegen

sōng
locker; Kiefer

sòu
husten

sī
Seide

sòng
schenken, bringen

sù
informieren

sǐ
sterben

sòng
preisen

sù
geschwind

sì
vier

sòng
vor Gericht gehen

sù
formen

suān
sauer

suí
befolgen

sŭn
beschädigen

suàn
rechnen

suì
Alter

suŏ
Ort

suàn
Knoblauch

suì
zerbrechen

suŏ
Seil

suī
obwohl

sūn
Enkel

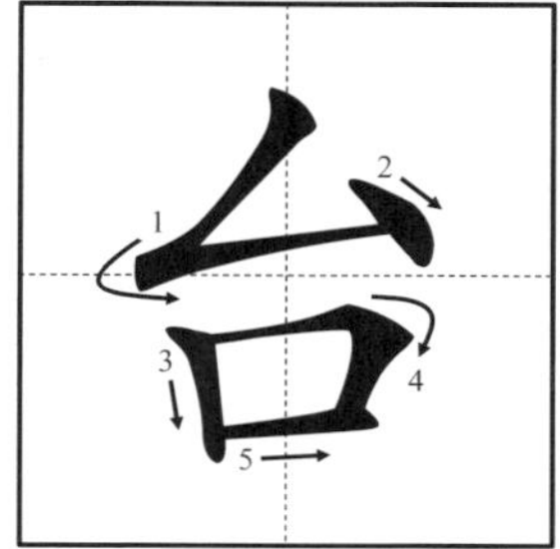

tái
Plattform

tán
reden

tā
er

tái
heben

tán
zupfen

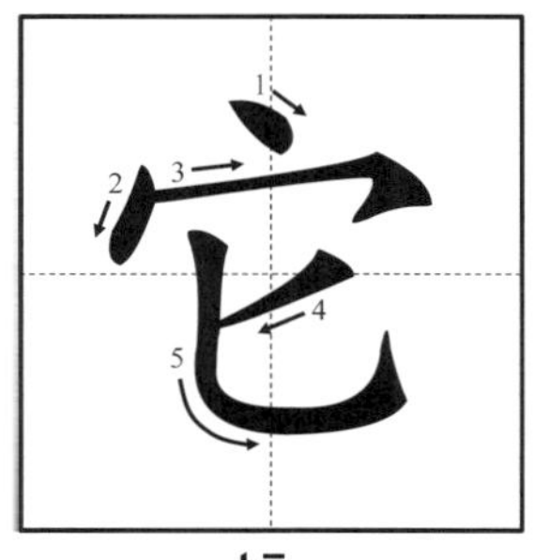

tā
es

tài
äußerst

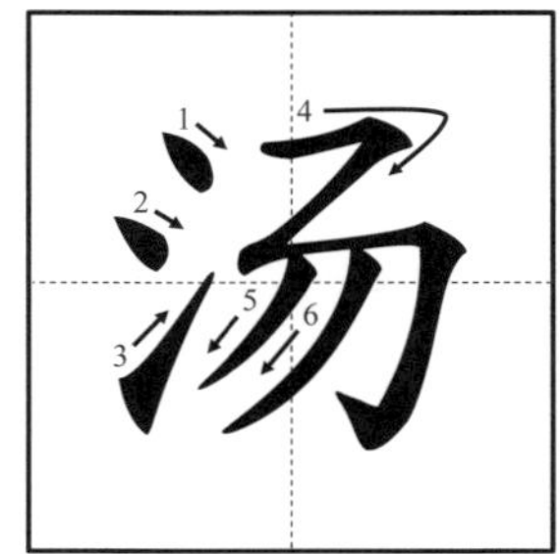

tāng
Suppe

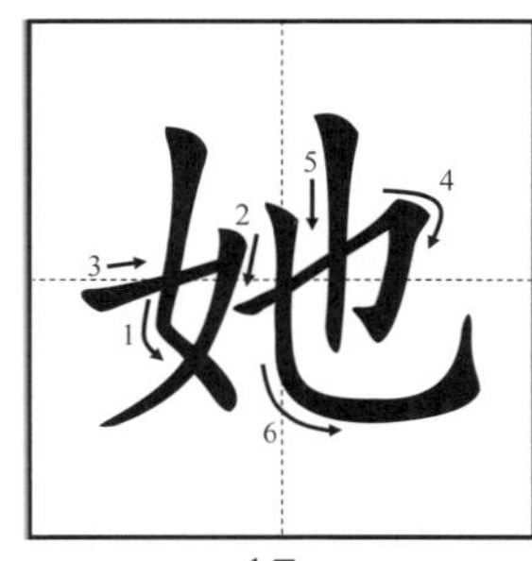

tā
sie

tài
Zustand

táng
Zucker; Bonbon

tăng
liegen

tào
Set

tī
kicken, treten

tàng
Mal

tè
außergewöhnlich

tí
aufheben

táo
Traube

téng
schmerzen

tí
Thema

tăo
schnorren

tī
Treppe

tĭ
Körperteil

替

tì

für; anstelle

条

tiáo

Streifen

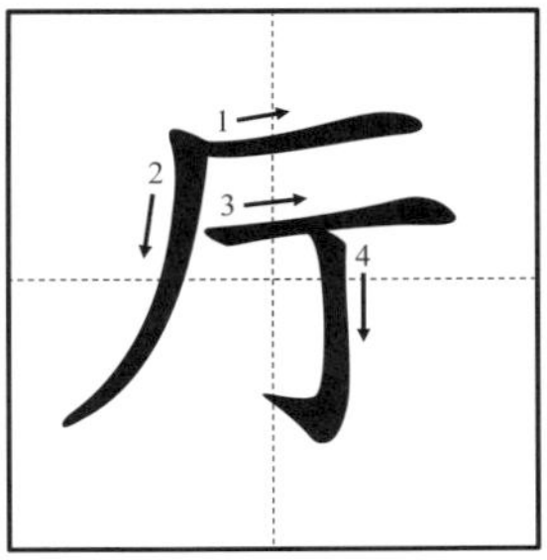

厅

tīng

Halle

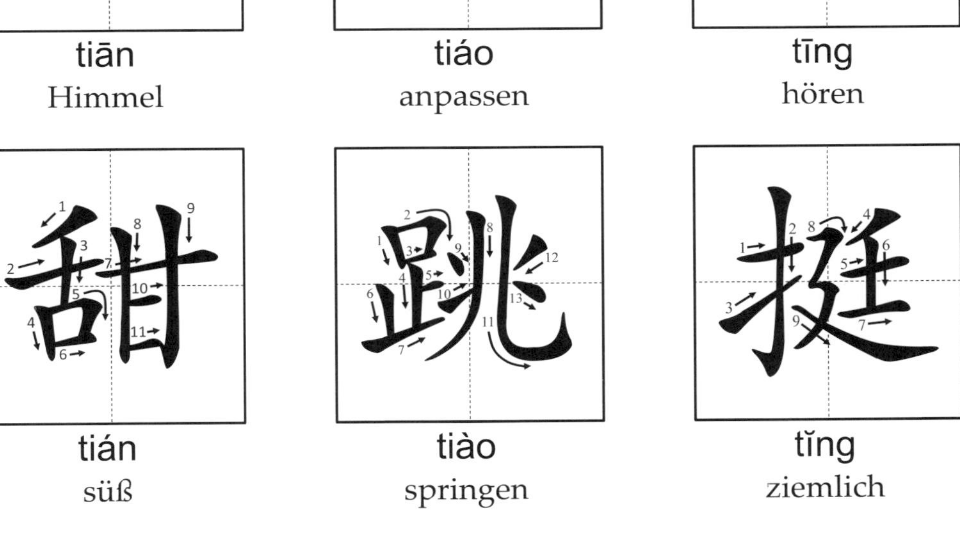

tiān

Himmel

tiáo

anpassen

tīng

hören

tián

süß

tiào

springen

tǐng

ziemlich

tián

ausfüllen

tiě

Eisen

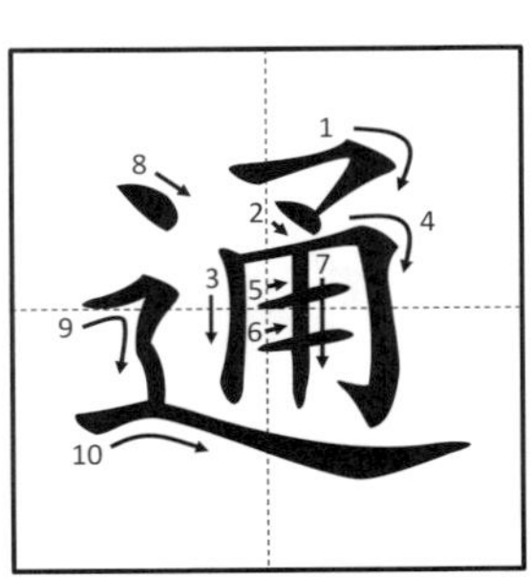

tōng

durchgängig

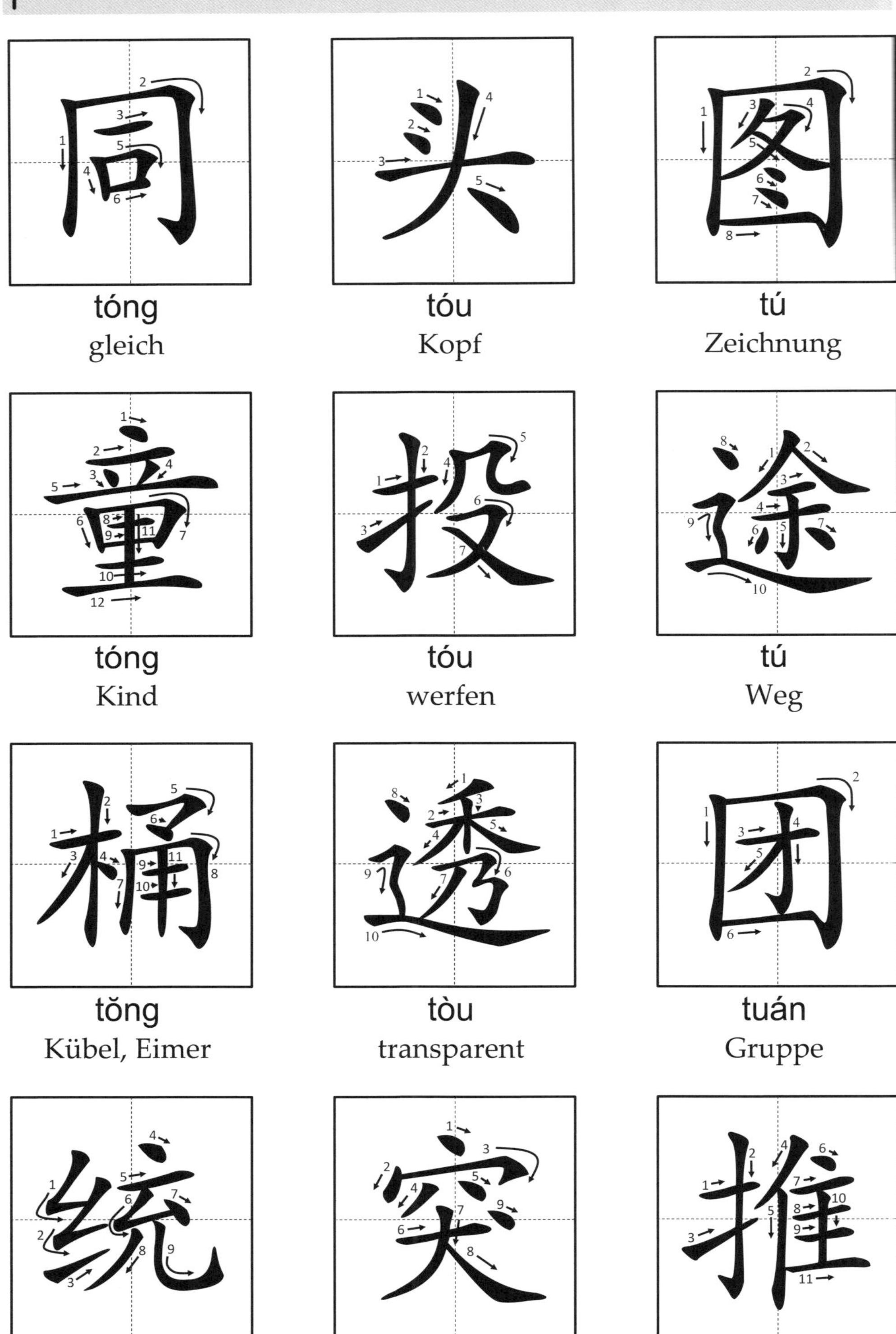

tóng
gleich

tóu
Kopf

tú
Zeichnung

tóng
Kind

tóu
werfen

tú
Weg

tǒng
Kübel, Eimer

tòu
transparent

tuán
Gruppe

tǒng
zusammenfassen

tū
plötzlich

tuī
schieben

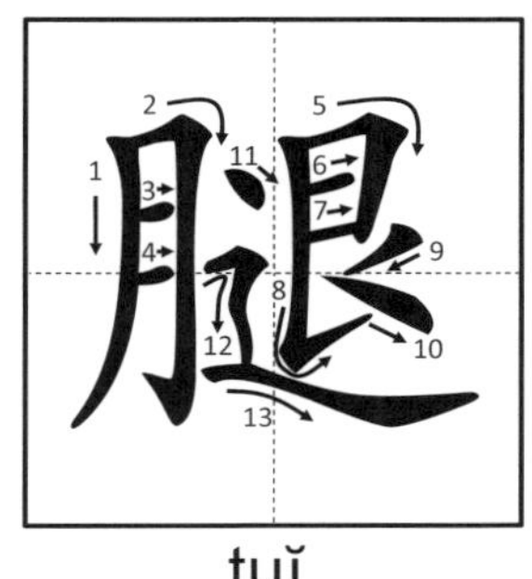

tuǐ
Bein

wán
spielen

tuì
zurückgeben

wà
Socke

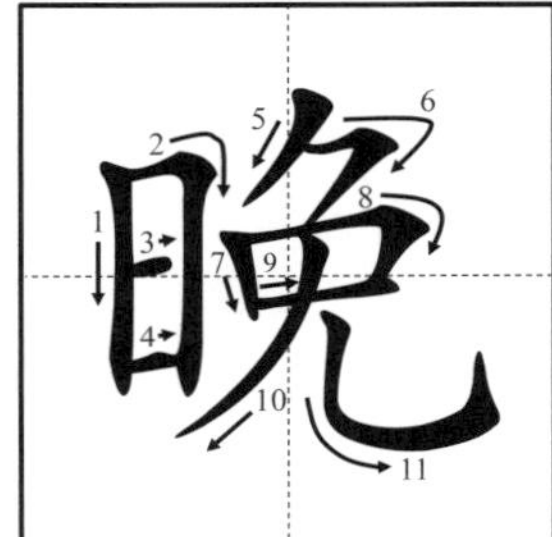

wǎn
spät; Abend

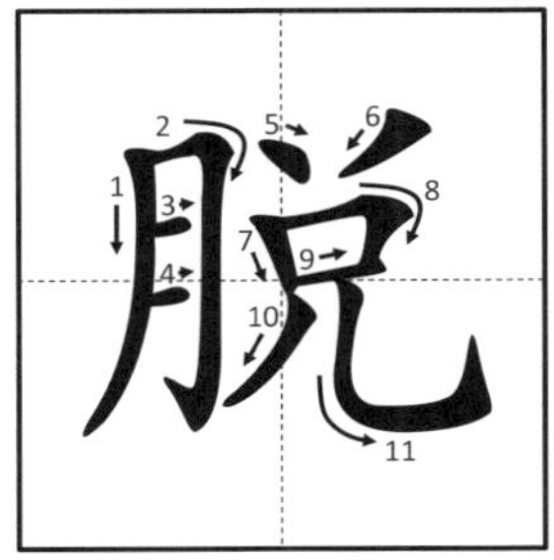

tuō
sich ausziehen

wài
außen

wǎn
Schüssel

tuō
in der Hand halten

wán
fertig

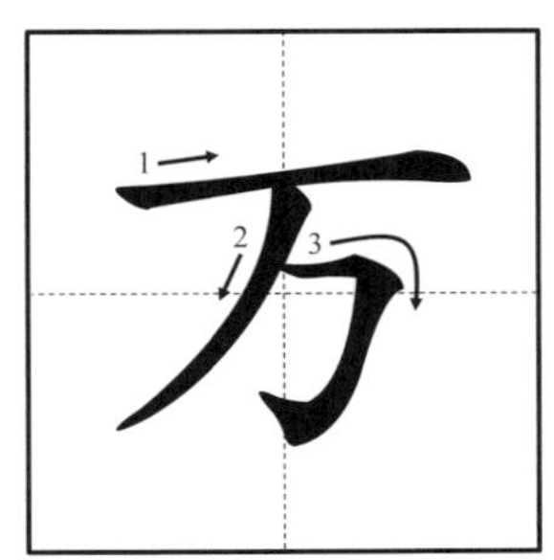

wàn
zehntausend

网
wǎng
Netz
旺
wàng
blühend
违
wéi
gegen… verstoßen
往
wǎng
hin, nach
危
wēi
Gefahr
为
wéi
als… sein
忘
wàng
vergessen
微
wēi
sehr klein
委
wěi
auftragen
望
wàng
blicken
围
wéi
umringen
卫
wèi
verteidigen

wèi
ZEW Person

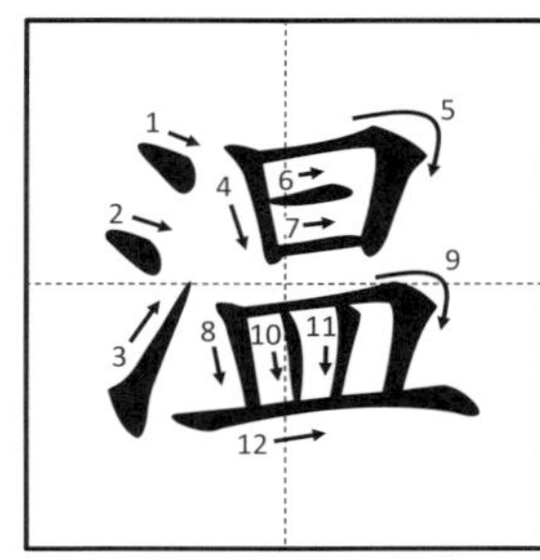

wēn
lauwarm

wǒ
ich

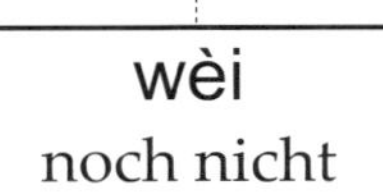

wèi
noch nicht

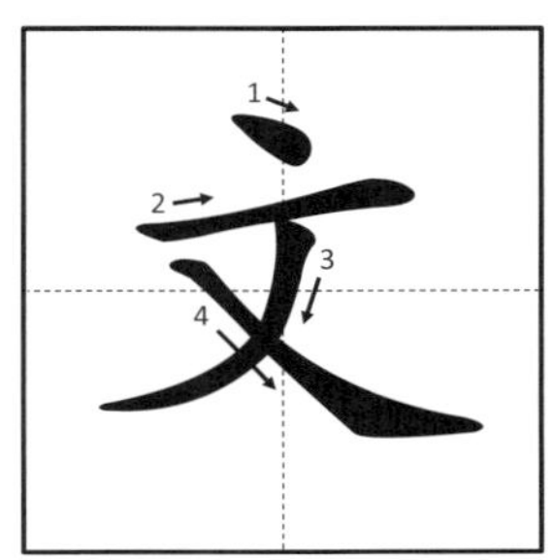

wén
Literatur; Kultur

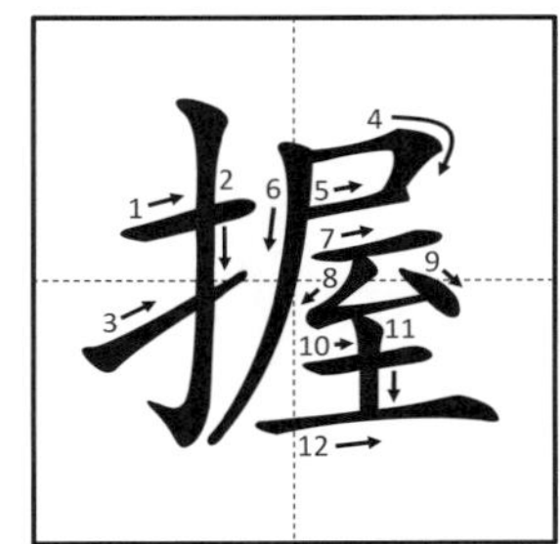

wò
greifen

wèi
Geschmack

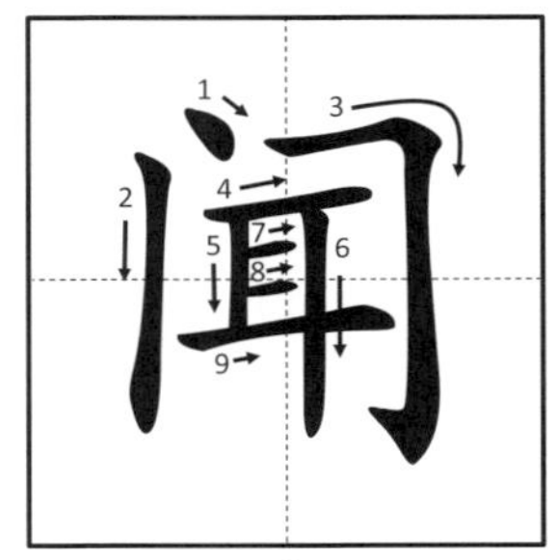

wén
hören; riechen

wū
Schmutz

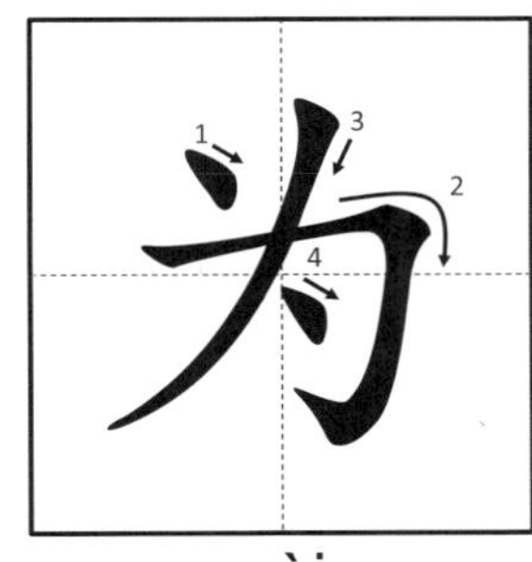

wèi
für; um… zu

wèn
fragen

wú
nicht, ohne

wǔ
fünf

wù
Gegenstand

wǔ
Mittag

wù
Fehler

xī
Westen

wǔ
Tanz

xī
inhalieren

wù
Angelegenheit

xī
hoffen

析
xī
analysieren
习
xí
üben
戏
xì
Theater; scherzen
息
xī
Atem
媳
xí
Schwiegertochter
系
xì
binden
悉
xī
erfahren
洗
xǐ
waschen
细
xì
winzig
惜
xī
bemitleiden
喜
xǐ
Freude
下
xià
unten, nach unten

xià
Sommer

xián
Seite eines Schiffs

xiàn
Faden

xiān
zuerst

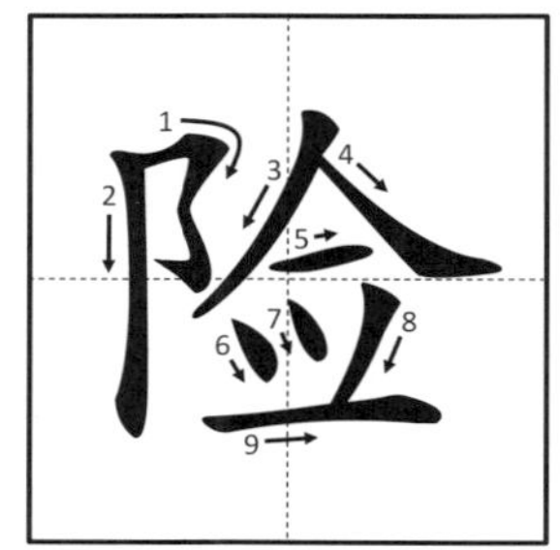

xiǎn
Risiko

xiàn
beneiden

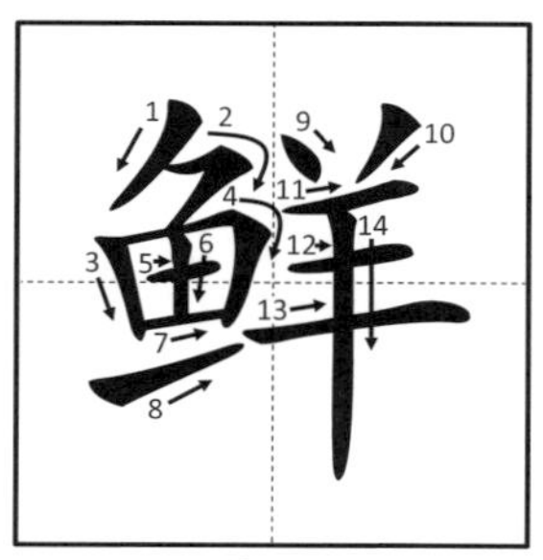

xiān
frisch

xiàn
jetzt

xiāng
gegenseitig

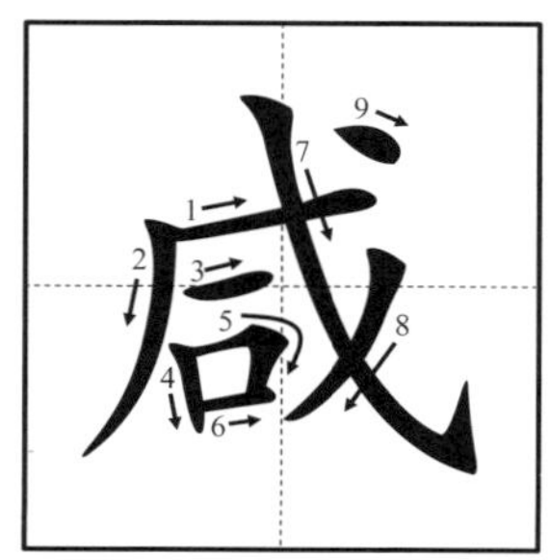

xián
salzig

xiàn
beschränken

xiāng
Duft; duftend

xiāng
Wagon (Zug)

xiǎng
möchten

xiàng
Eiche

xiāng
Kiste

xiàng
nach

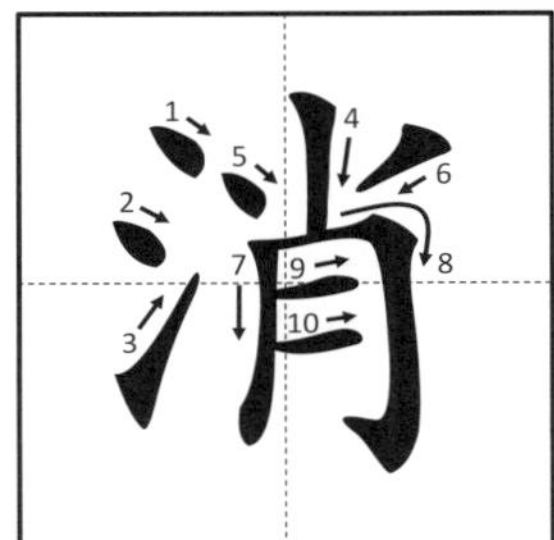

xiāo
verschwinden

xiáng
detailliert

xiàng
ZEW Aufgaben

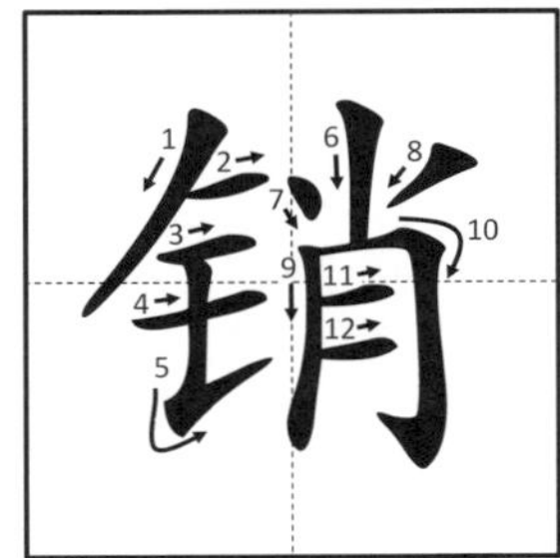

xiāo
annullieren

xiǎng
klingeln

xiàng
ähnlich sein

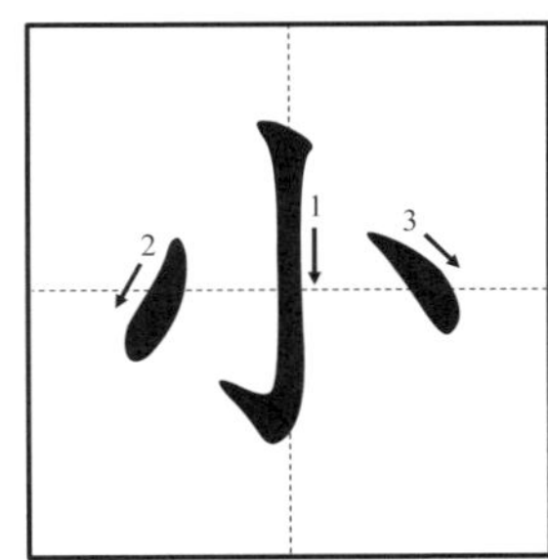

xiǎo
klein

xiào
Schule

xié
Schuh

xiè
Werkzeug

xiào
lachen

xié
kooperieren

xīn
Herz

xiào
Wirkung

xiě
schreiben

xīn
scharf; Leiden

xiē
manche

xiè
danken

xīn
neu

xìn
Brief

xíng
Form, Gestalt

xìng
Charakter

xīng
Stern

xǐng
wach

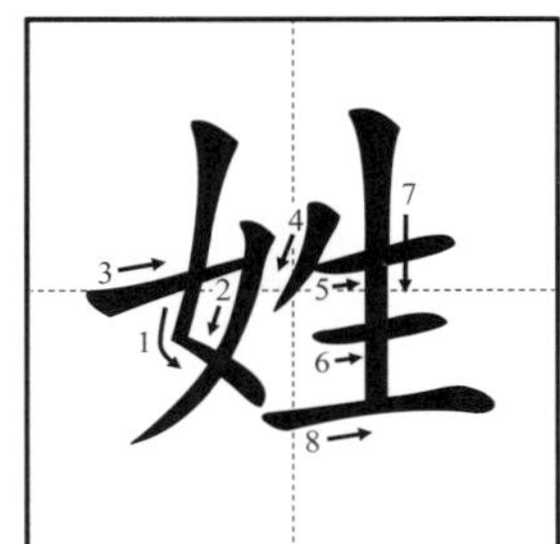

xìng
Nachname

xíng
Modell

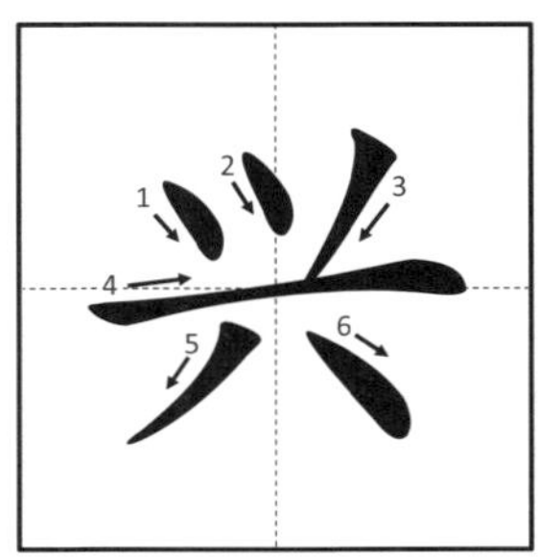

xìng
Interesse, Lust

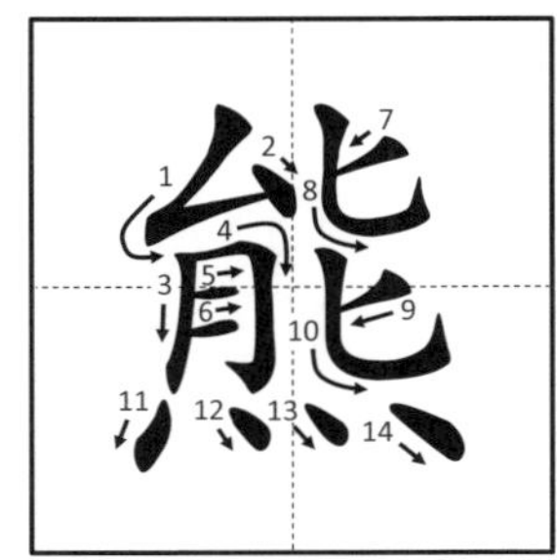

xióng
Bär

xíng
sich fortbewegen

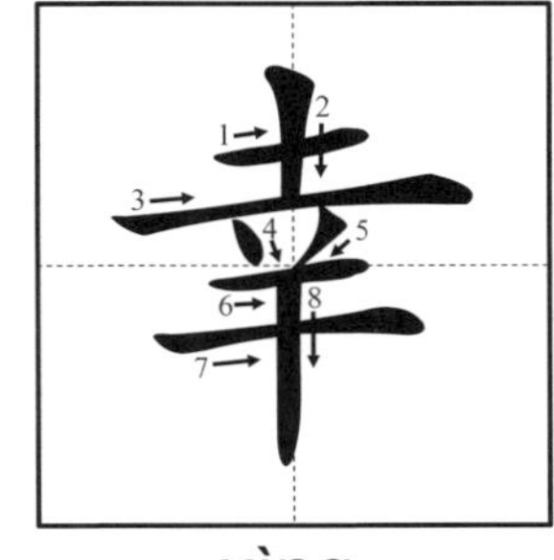

xìng
Glück

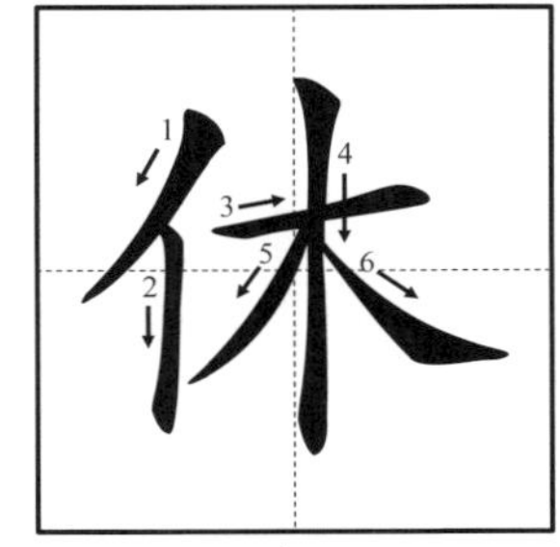

xiū
ausruhen

xiū
reparieren

xū
brauchen

xuǎn
wählen

xiū
sich schämen

xǔ
genehmigen

xué
lernen

xiù
prächtig

xù
Reihenfolge

xuě; xuè
Blut

xū
müssen

xù
fortführen

xuě
Schnee

xún

Dekade

yá

Zahn

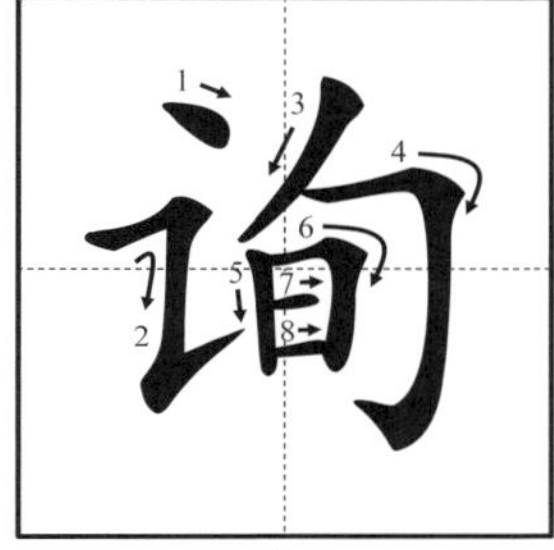

xún

befragen

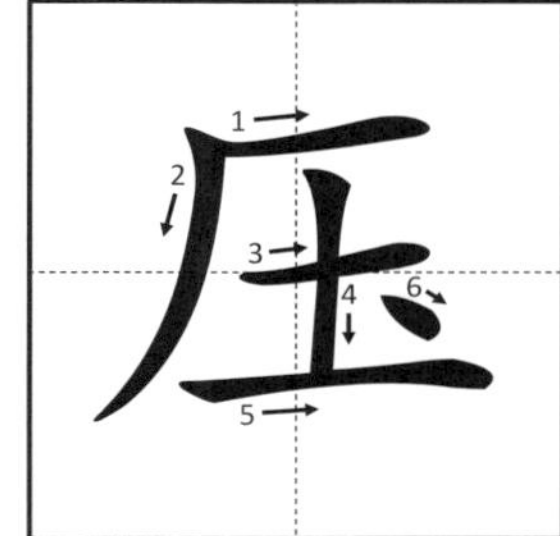

yā

pressen

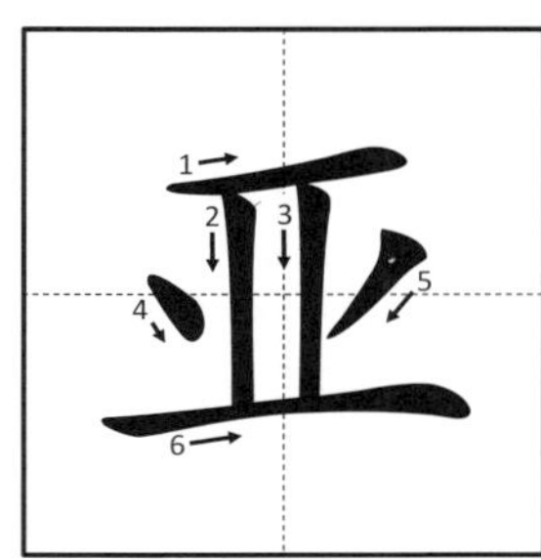

yà

Asien; zweiter

xùn

belehren

yā

verpfänden

yān

Rauch; Zigarette

yā

Ah!

yān

überschwemmen

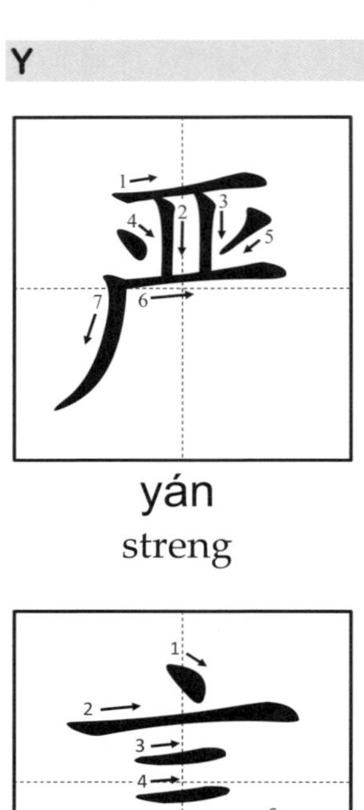

yán
streng

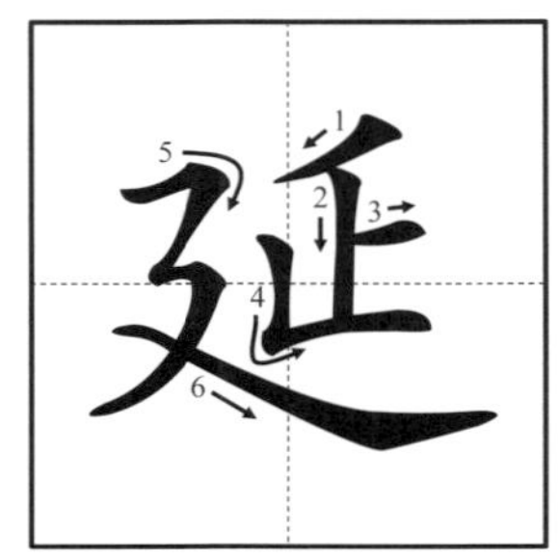

yán
dehnen

yàn
überdrüssig sein

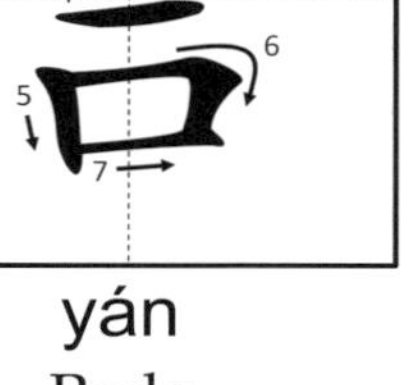

yán
Rede

yán
Gesicht

yàn
nachprüfen

yán
fein machen

yǎn
Auge

yáng
hochheben

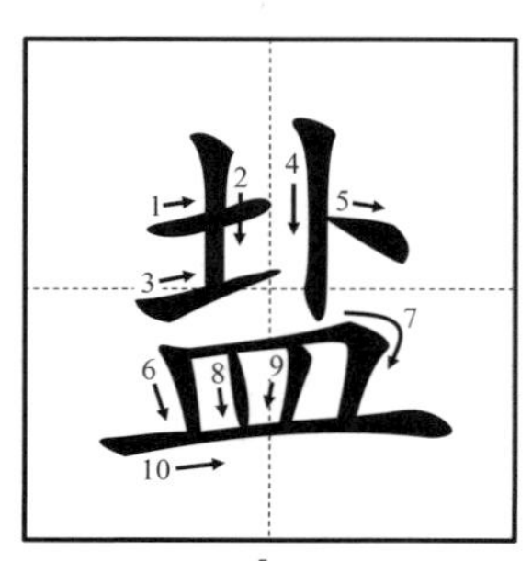

yán
Salz

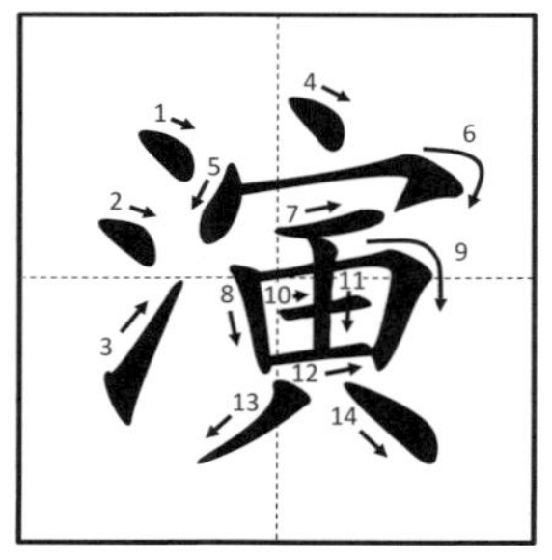

yǎn
aufführen

yáng
Schaf

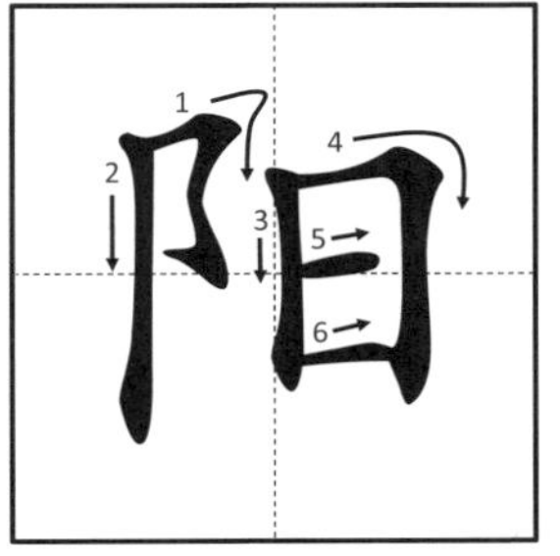

yáng
Sonne

yàng
Aussehen

yào
Schlüssel

yáng
Ozean

yāo
einladen

yé
Großvater

yǎng
Sauerstoff

yào
Arzneimittel

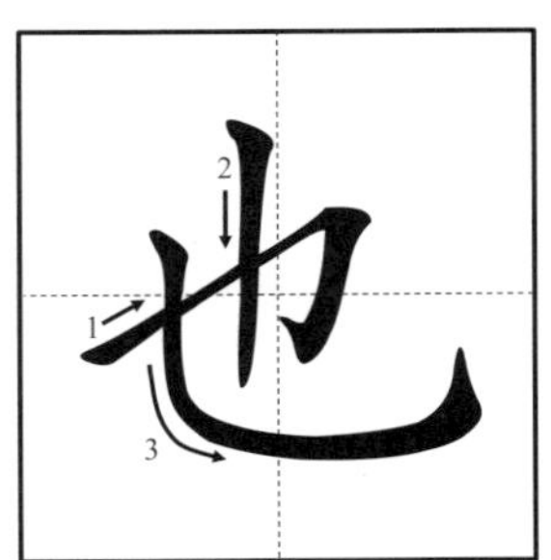

yě
auch

yǎng
ernähren

yào
wollen; müssen

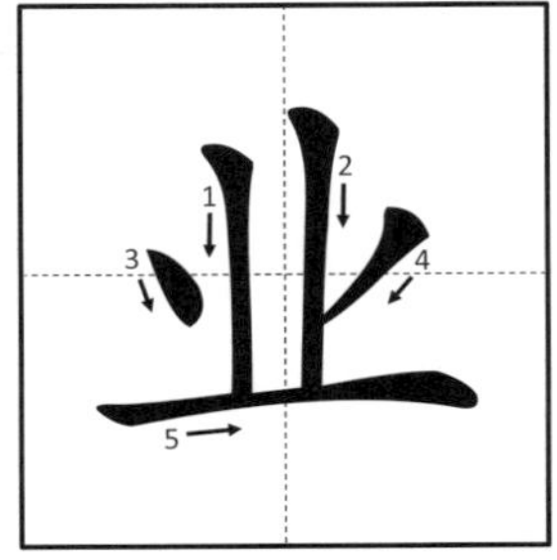

yè
Werk

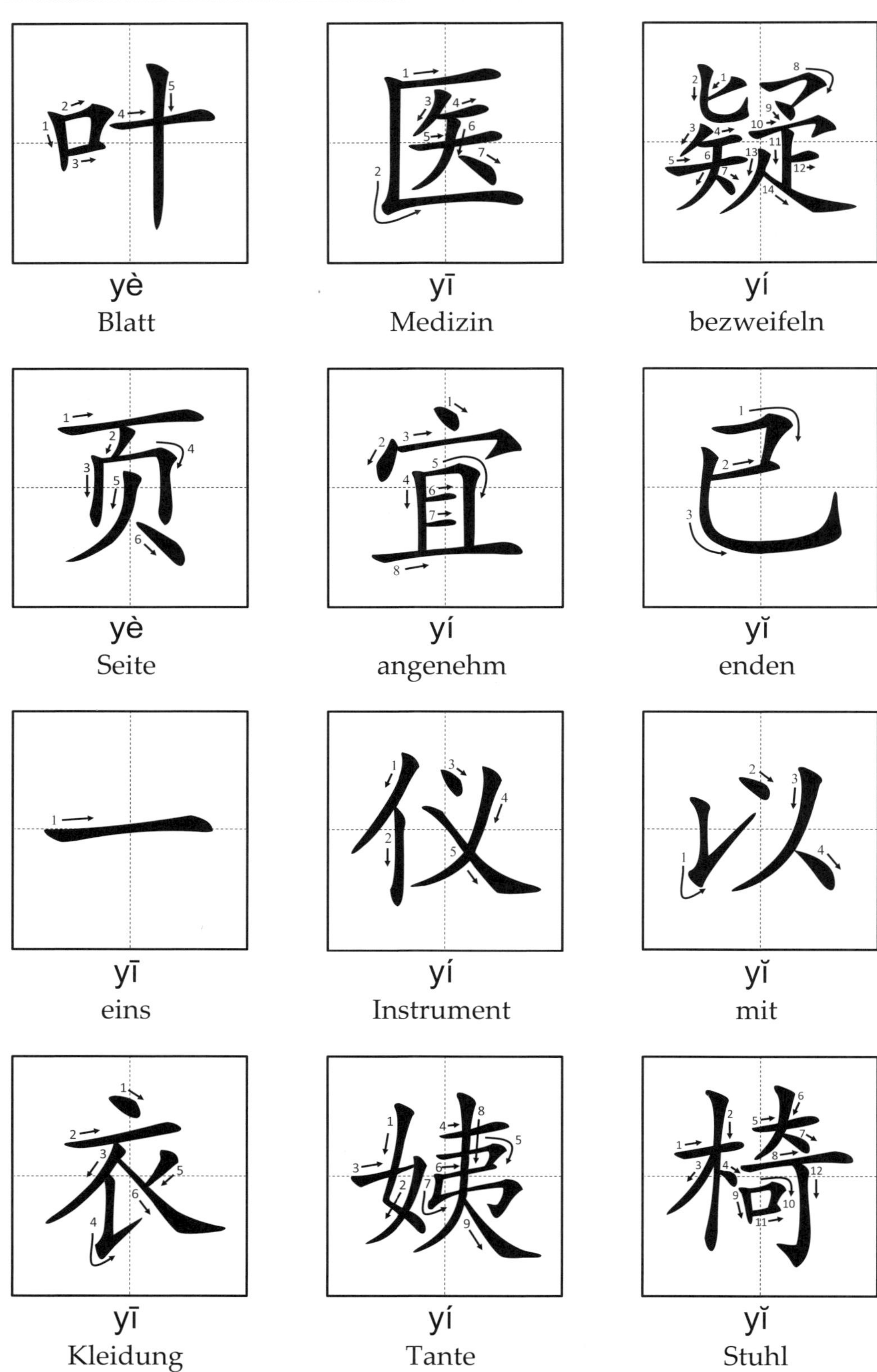
叶
yè
Blatt
医
yī
Medizin
疑
yí
bezweifeln
页
yè
Seite
宜
yí
angenehm
已
yǐ
enden
一
yī
eins
仪
yí
Instrument
以
yǐ
mit
衣
yī
Kleidung
姨
yí
Tante
椅
yǐ
Stuhl

亿
yì
hundert Millionen
译
yì
übersetzen
异
yì
ungleich
艺
yì
Kunst
易
yì
leicht
谊
yì
Freundschaft
忆
yì
gedenken
益
yì
Vorteil
意
yì
Bedeutung
议
yì
diskutieren
溢
yì
überlaufen
因
yīn
weil

yīn
bewölkt

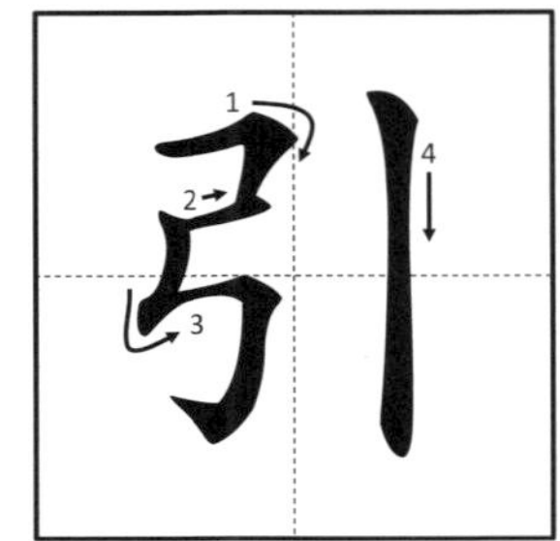
yǐn
leiten

yíng
Empfang

yīn
Ton, Schall

yǐn
trinken

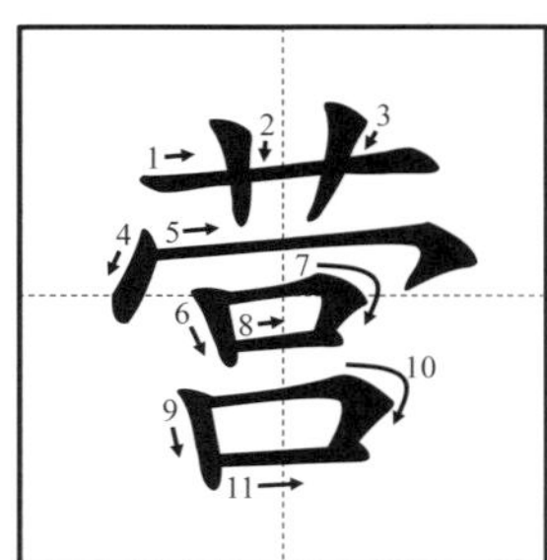
yíng
Lager, Camp

yīn
reichlich

yìn
prägen

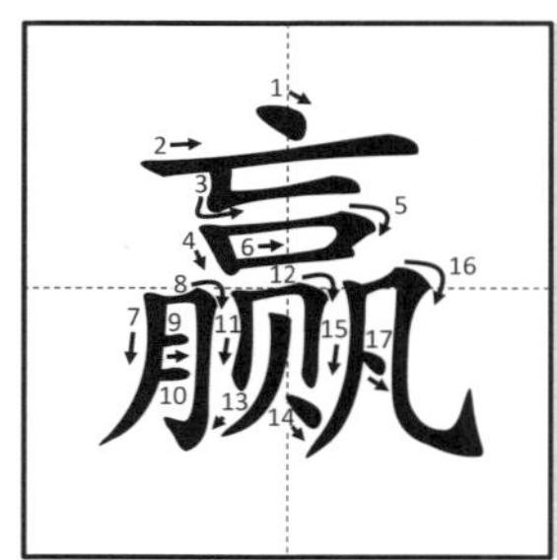
yíng
gewinnen

yín
Silber

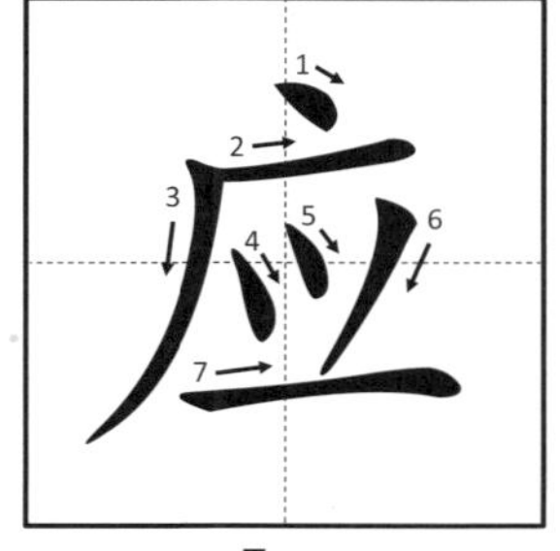
yīng
sollen

yǐng
Schatten

yìng
reflektieren

yǒng
mutig

yōu
heimlich

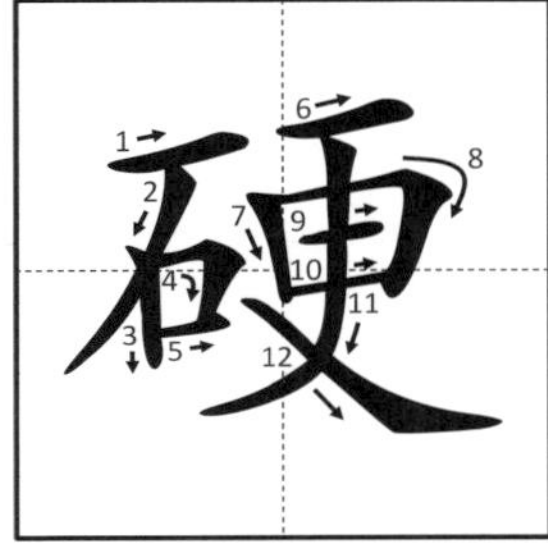

yìng
hart

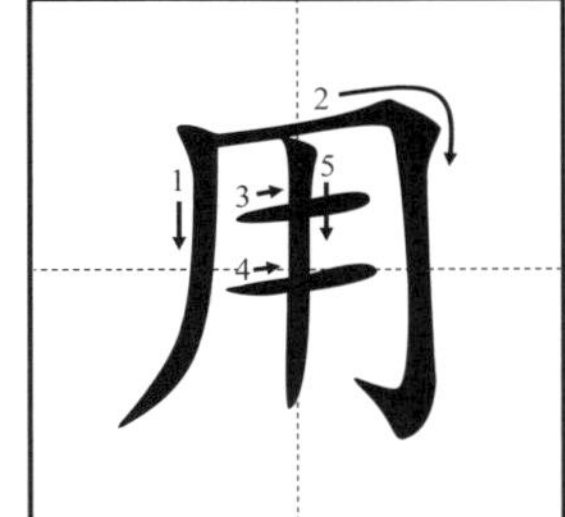

yòng
benutzen

yóu
besonders

yǒng
ewig

yòng
Provision

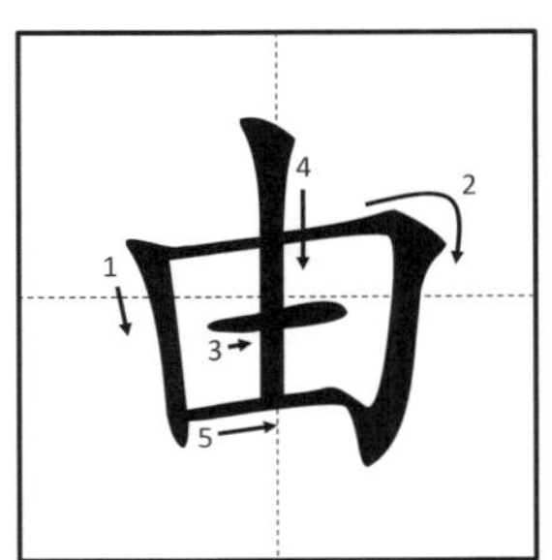

yóu
wegen

yǒng
Schwimmen

yōu
hervorragend

yóu
Post

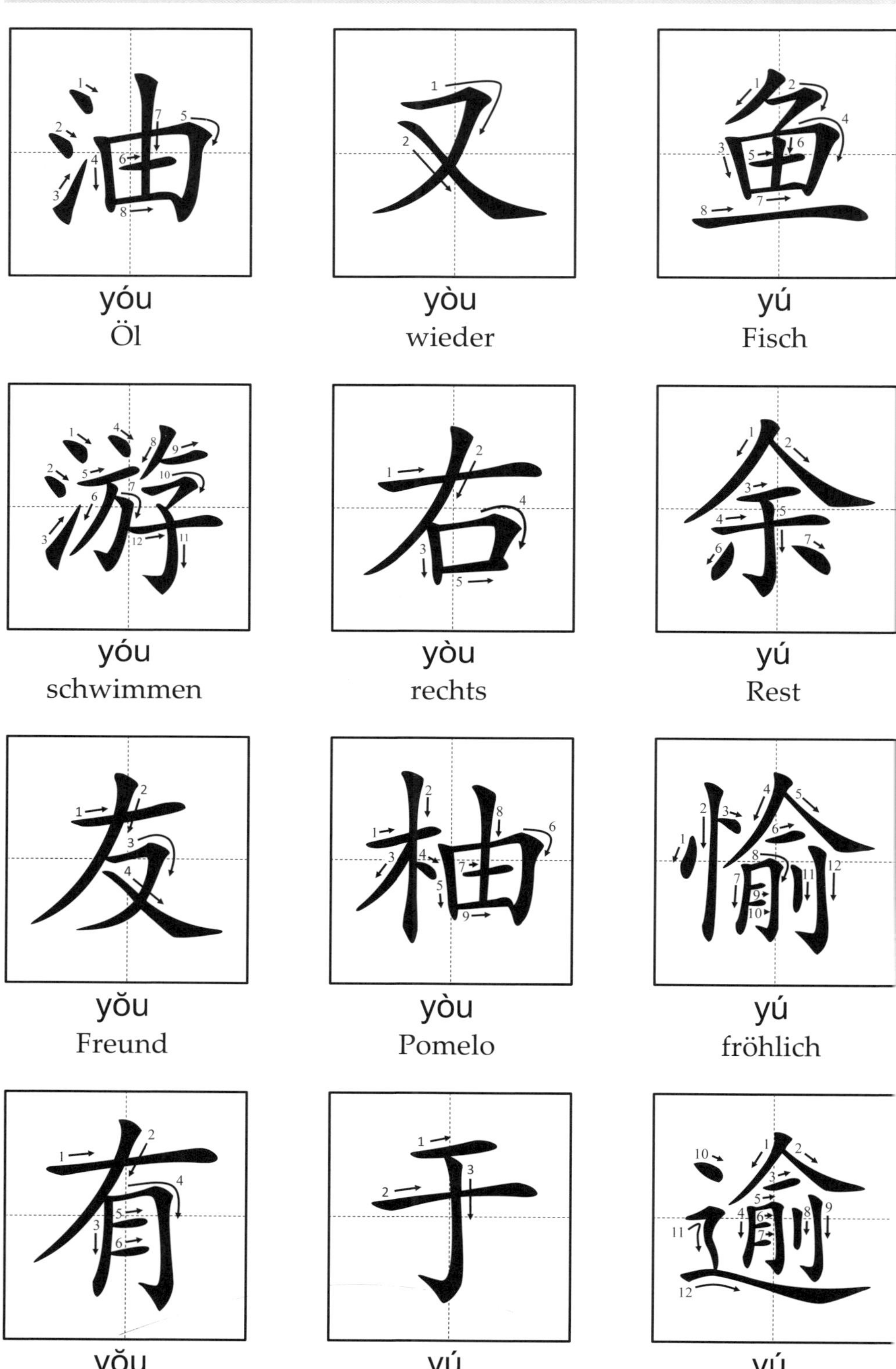
油
yóu
Öl
又
yòu
wieder
鱼
yú
Fisch
游
yóu
schwimmen
右
yòu
rechts
余
yú
Rest
友
yǒu
Freund
柚
yòu
Pomelo
愉
yú
fröhlich
有
yǒu
haben
于
yú
in
逾
yú
überschreiten

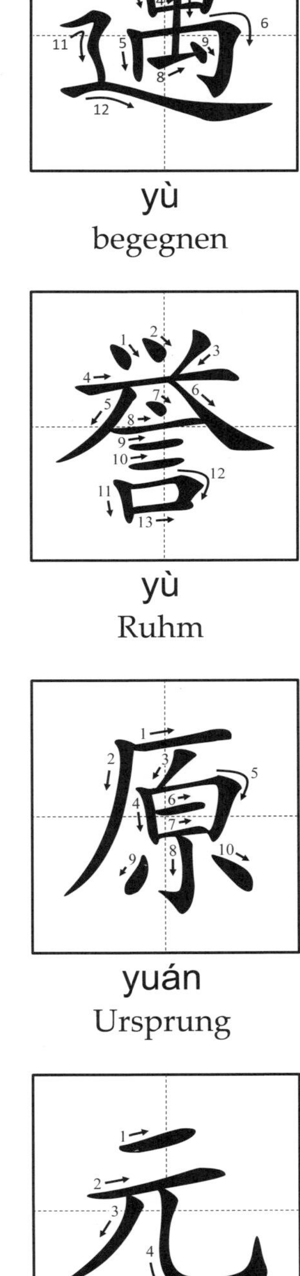

yǔ
geben; mit

yǔ
Sprache

yù
begegnen

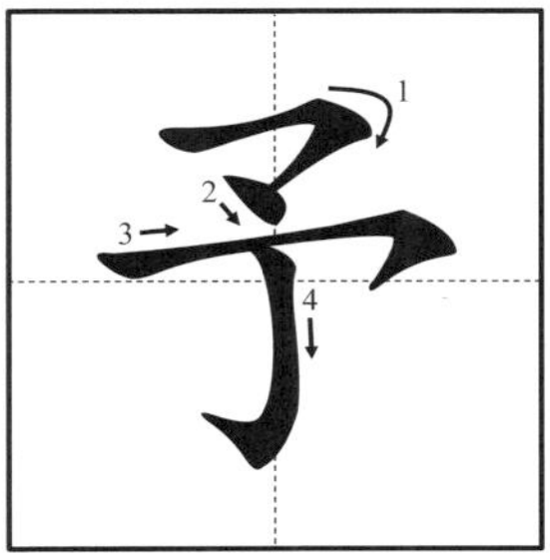

yǔ
gewähren

yù
erziehen

yù
Ruhm

yǔ
Feder

yù
möchten

yuán
Ursprung

yǔ
Regen

yù
im Voraus

yuán
Yuan

yuán
Garten

yuàn
Hof

yuè
lesen

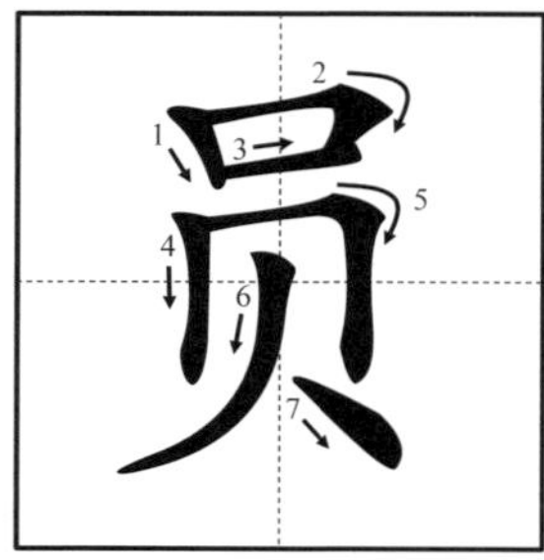

yuán
Angestellter

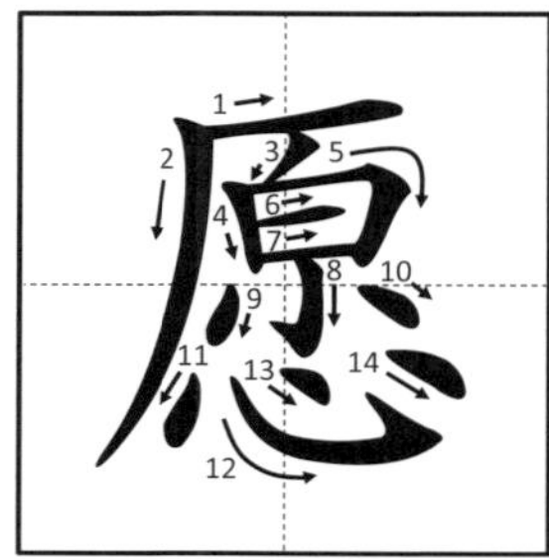

yuàn
wünschen

yuè
je… desto…

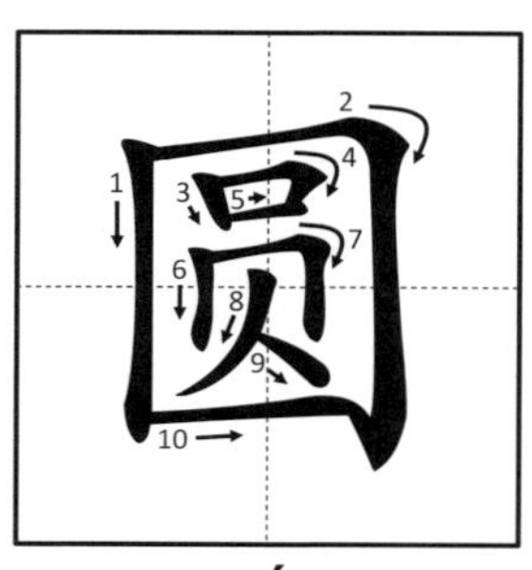

yuán
Kreis

yuē
vereinbaren

yuè
Musik

yuǎn
weit

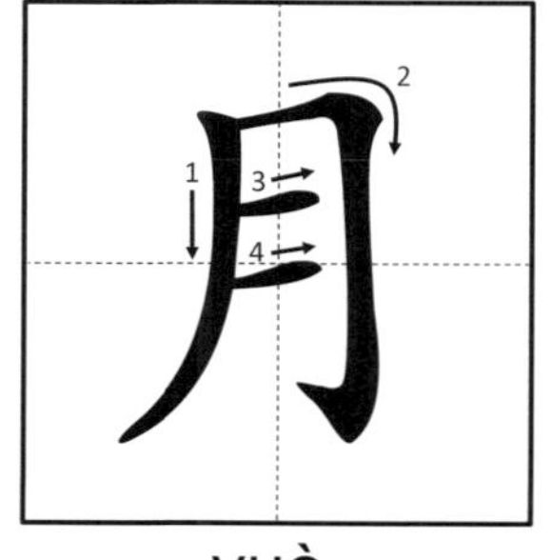

yuè
Mond; Monat

yún
Wolke

yǔn
zusagen

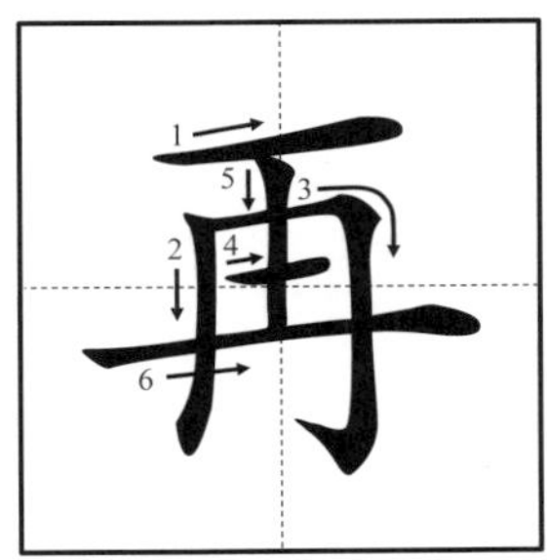

zài
wieder

yùn
transportieren

zá
verschiedenartig

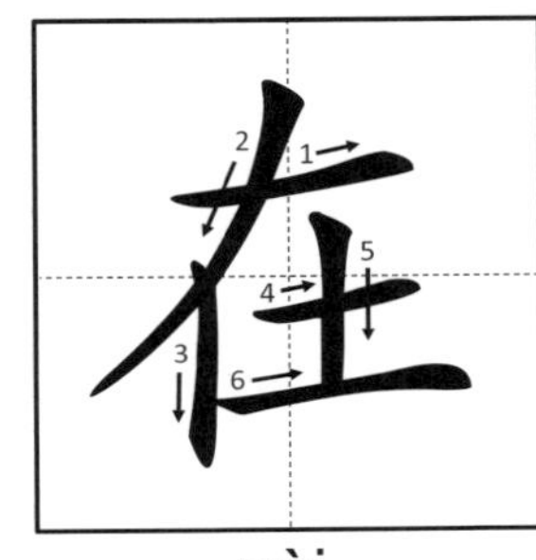

zài
sich befinden

zāi
Katastrophe

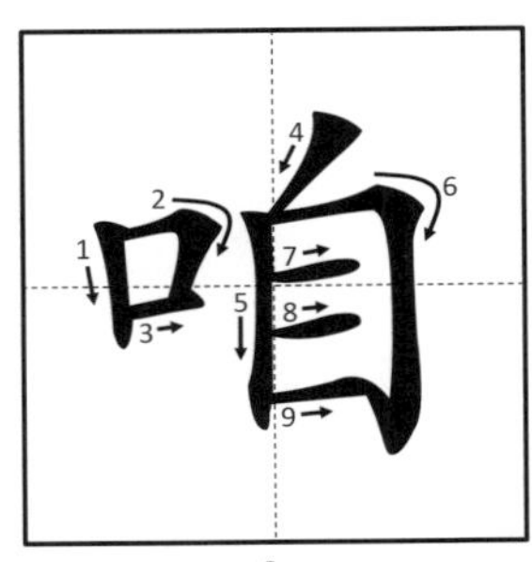

zán
wir

zǎi
Bengel

zàn
vorübergehend

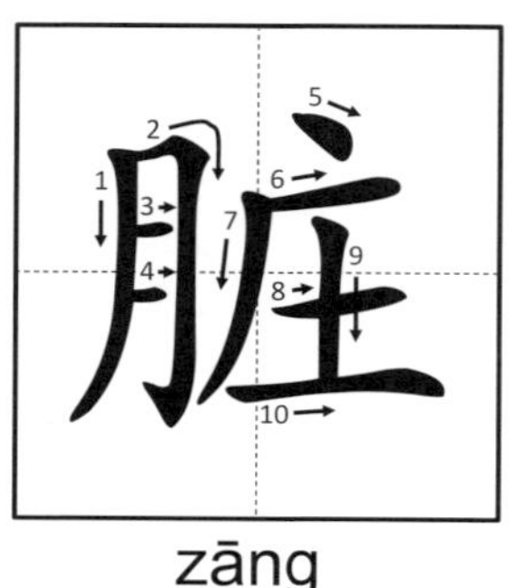

zāng
schmutzig

zào
erschaffen

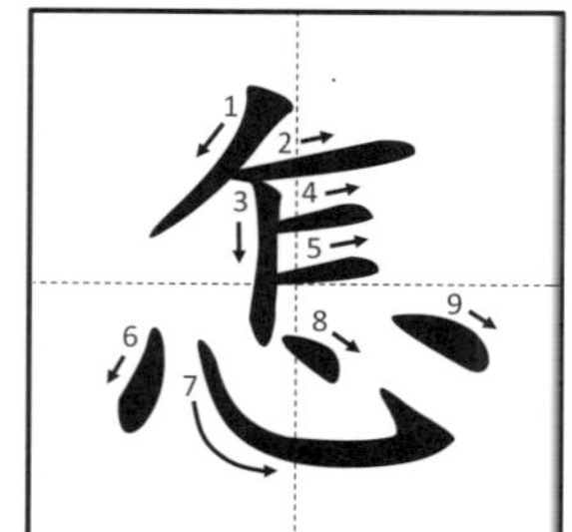

zěn
wie; wieso

zǎo
früh; Morgen

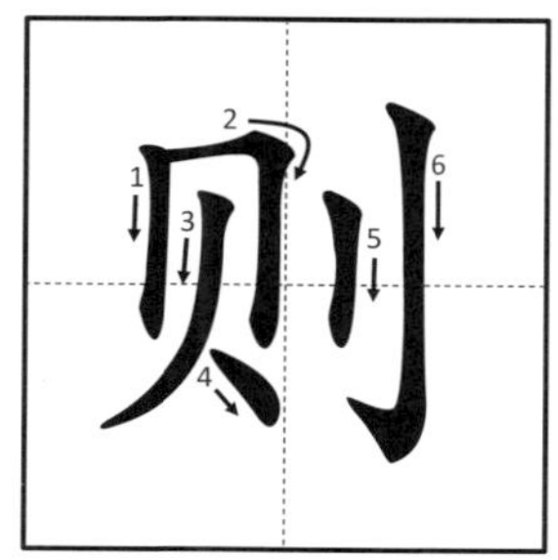

zé
Kriterium

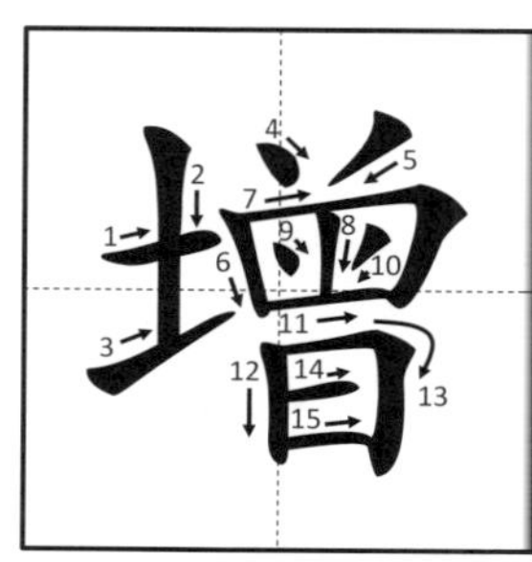

zēng
vermehren

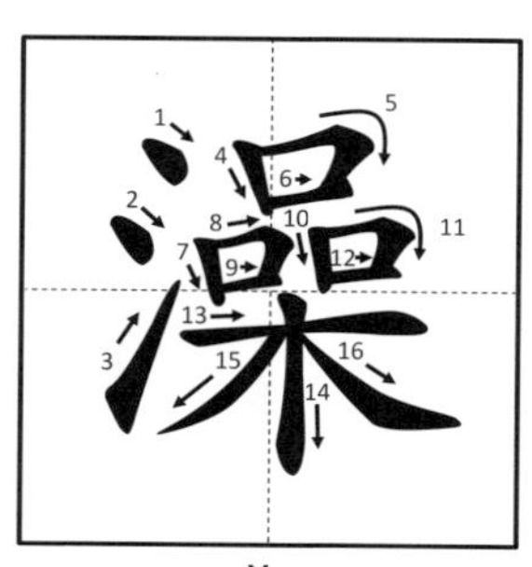

zǎo
Bad

zé
Pflicht

zhǎi
eng

zào
trocken

zé
auswählen

zhǎn
entfalten

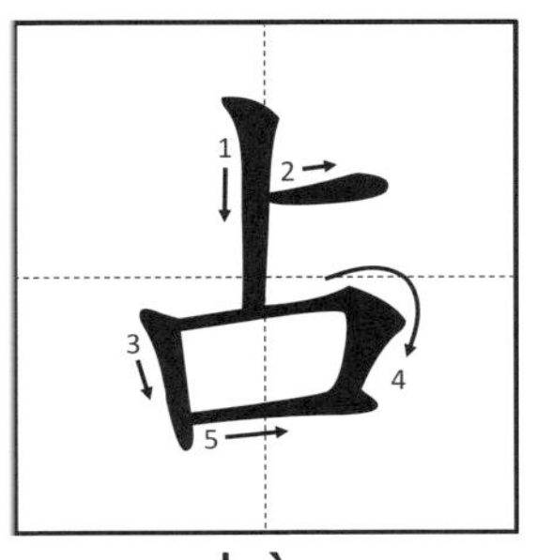

zhàn
besetzen

zhāng
Kapitel; Stempel

zhàng
Rechnung

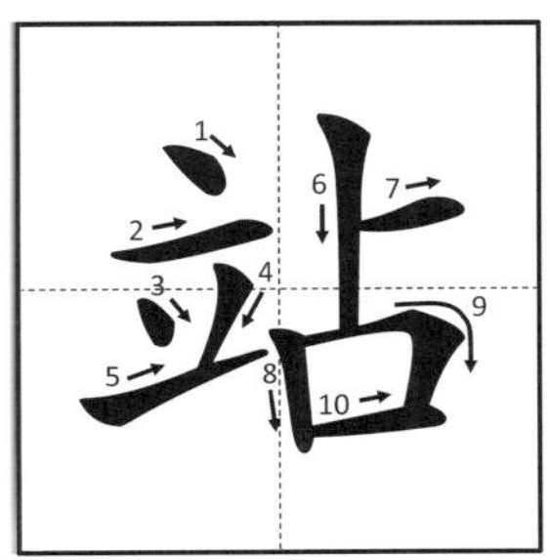

zhàn
stehen

zhăng
Handfläche

zhāo
winken

zhàn
Krieg

zhăng
steigen

zhăo
suchen

zhāng
ZEW Blatt

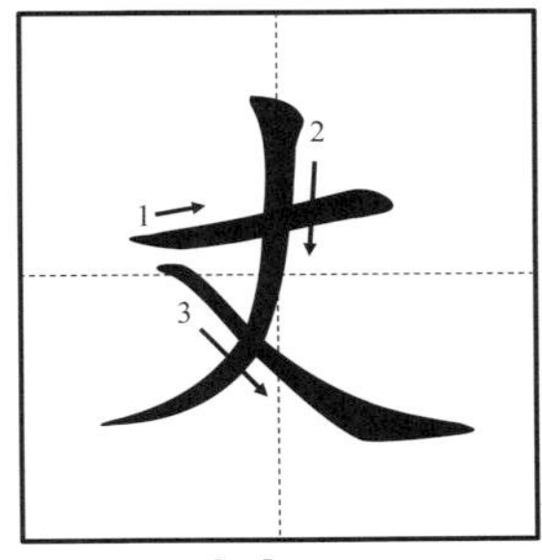

zhàng
Maßeinheit

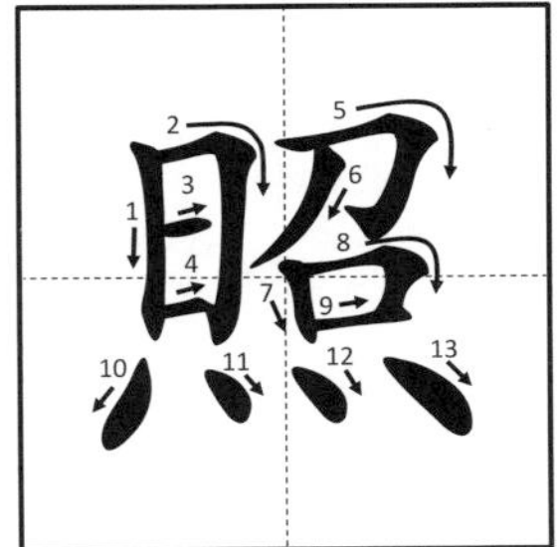

zhào
leuchten

折
zhé
Rabatt; falten
真
zhēn
echt
正
zhèng
gerade; aufrichtig
者
zhě
Person
争
zhēng
sich streiten
证
zhèng
Zeugnis
这
zhè
dieser, -e, -es
蒸
zhēng
dämpfen
之
zhī
davon
针
zhēn
Nadel
整
zhěng
ausbessern
支
zhī
aufrichten

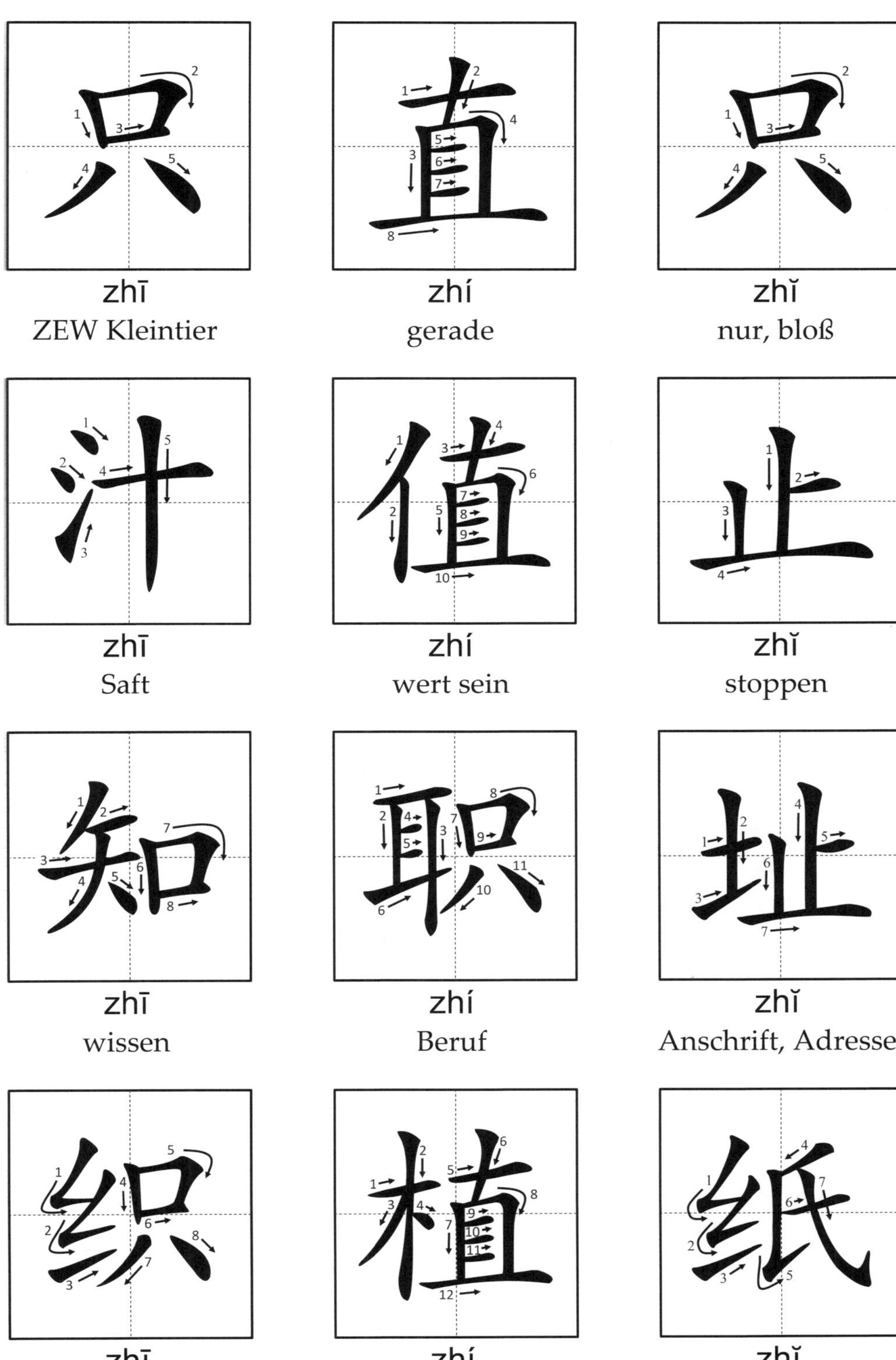
只
zhī
ZEW Kleintier
直
zhí
gerade
只
zhǐ
nur, bloß
汁
zhī
Saft
值
zhí
wert sein
止
zhǐ
stoppen
知
zhī
wissen
职
zhí
Beruf
址
zhǐ
Anschrift, Adresse
织
zhī
flechten
植
zhí
pflanzen
纸
zhǐ
Papier

zhǐ
zeigen

zhì
aufrichtig

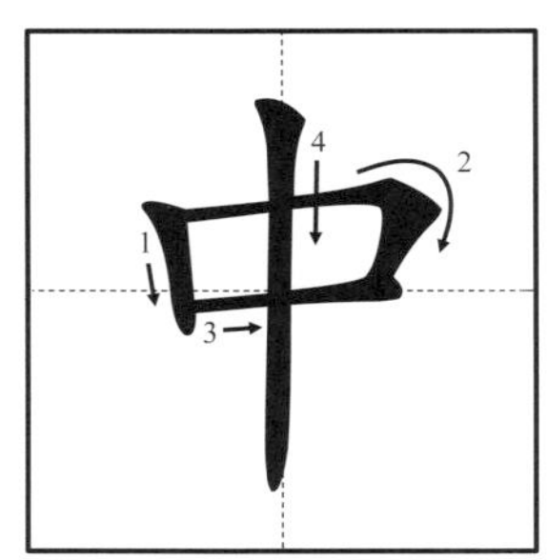

zhōng
Mitte

zhì
bis zu; ankommen

zhì
produzieren

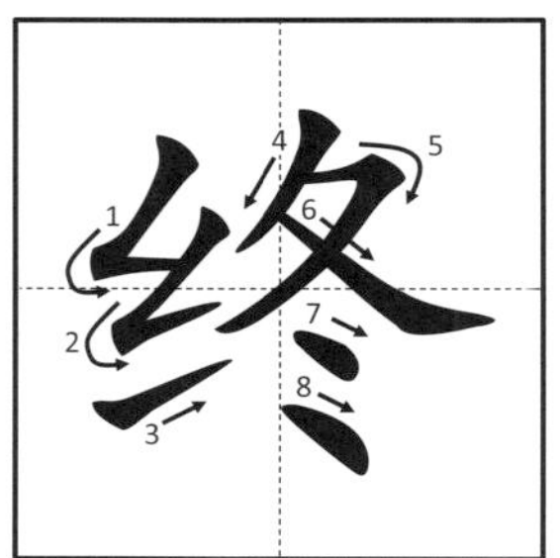

zhōng
Ende

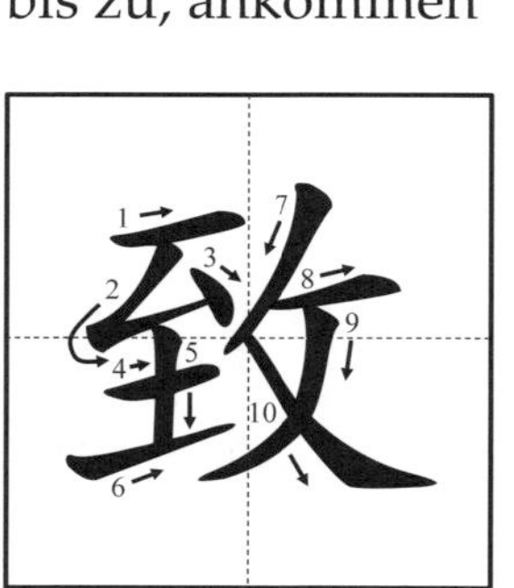

zhì
an… schicken

zhì
Qualität

zhōng
Glocke; Uhr

zhì
Wille

zhì
stagnieren

zhōng
aus dem Herzen

zhǒng
Sorte; Art

zhōu
Bundesland

zhǔ
Herr; Inhaber

zhòng
Massen

zhōu
Kontinent

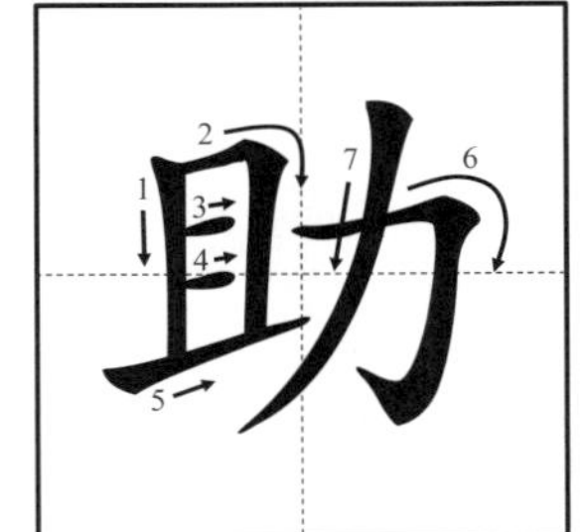

zhù
Hilfe

zhòng
schwer

zhū
Schwein

zhù
wohnen; übernachten

zhōu
Woche; Umkreis

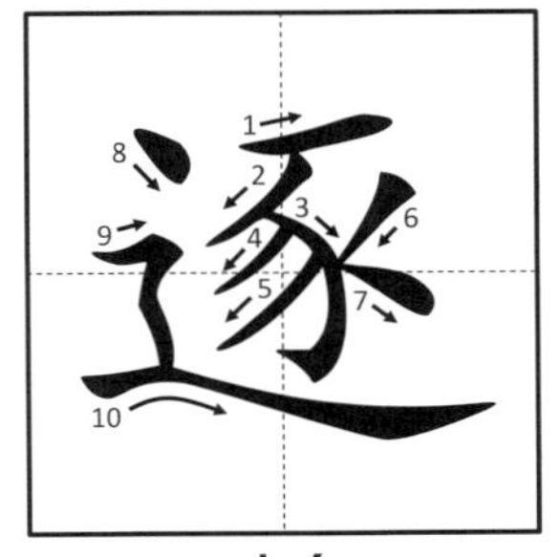

zhú
vertreiben

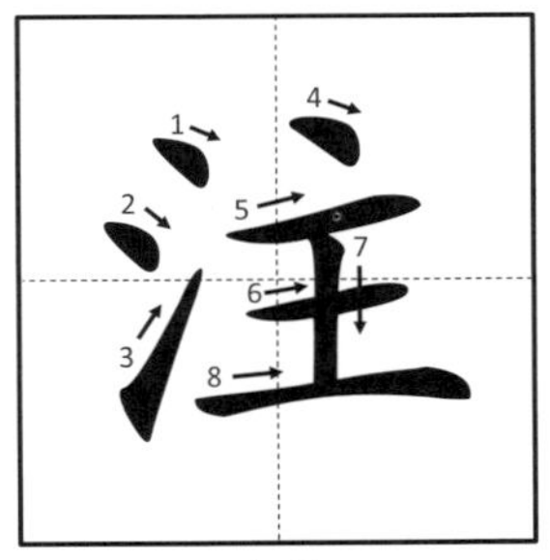

zhù
gießen

zhù
(Glück) wünschen

zhuàn
verdienen

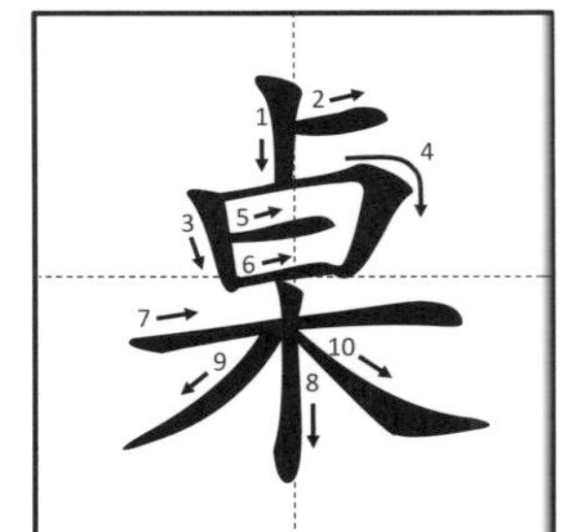

zhuō
Tisch

zhù
Werk; deutlich

zhuāng
Kleidung; aufladen

zhuó
berühren

zhuān
spezial

zhuàng
stoßen

zī
Kapital

zhuǎn
Richtung ändern

zhuàng
Situation

zī
konsultieren

兹
zī
nun
字
zì
Schriftzeichen
租
zū
mieten
仔
zǐ
Junge
宗
zōng
Menge
足
zú
Fuß
自
zì
selbst
总
zǒng
immer
族
zú
Ethnie; Volk
渍
zì
Fleck
走
zǒu
gehen
组
zǔ
Gruppe

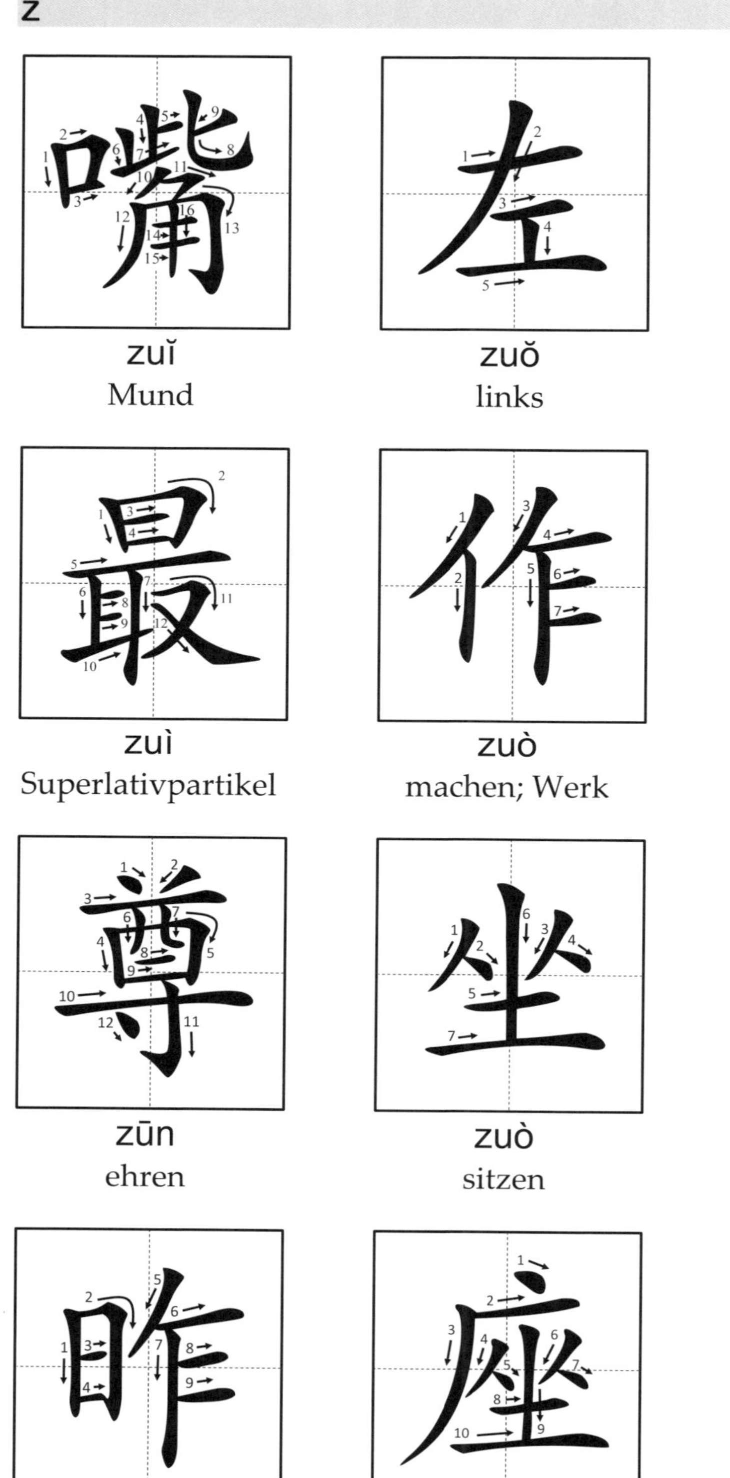

zuǐ
Mund

zuǒ
links

做
zuò
machen

zuì
Superlativpartikel

zuò
machen; Werk

zūn
ehren

zuò
sitzen

zuó
gestern

zuò
Sitz

Ziel HSK 4 – Teil 1

Chinesische Lesetexte mit Vokabeln und Grammatik

Ausgehend vom HSK 3 werden in 30 Kurzgeschichten die erste Hälfte des Vokabulars und der Grammatik des HSK 4 erarbeitet. Die Lerneinheiten bauen dabei systematisch aufeinander auf. Die Vokabeln und die Grammatik sind übersichtlich präsentiert und mit vielen Mustersätzen erklärt. Jeder Text verfügt über eine deutsche Übersetzung und Kontrollfragen mit Lösung.

ISBN 978-3-940497-54-3

Ich lese auf Chinesisch

Aufsatzsammlung HSK 2 / HSK 3 / HSK 4

In dem Buch sind die Erzählungen realer Erlebnisse und Kurzgeschichten verschiedener Autoren gesammelt. Die Texte sind am HSK orientiert, wobei Vokabeln, die nicht im HSK vorkommen, mit Pinyin und Bedeutung erklärt werden. Um zu prüfen, ob die Texte richtig verstanden wurden, gibt es zu jedem Text Multiple-Choice-Fragen mit einer Musterlösung im Anhang des Buchs.

978-3-940497-75-8, 978-3-940497-78-9, 978-3-940497-77-2

Chinesische Handelskorrespondenz 1

Schriftliche und mündliche Kommunikation im Außenhandel (ab dem HSK 2)

In 17 Lektionen wird in das Vokabular, die Redewendungen und die Formvorschriften von Import und Export eingeführt. Die Vokabeln werden detailliert mit vielen Mustersätzen erklärt und die Fachausdrücke in zahlreichen Übungen gefestigt. Teil 1 behandelt die Bereiche Anfrage, Angebot, Gegenangebot, Lieferkonditionen, Termine und Preise.

ISBN 978-3-940497-67-3

Endlich verstehe ich die Chinesen!

Lesebuch auf Deutsch und Chinesisch ab dem HSK 3

Wer mit Chinesen zu tun hat, weiß, dass der gemeinsame Umgang im Alltag und Beruf nicht immer einfach ist. 20 zweisprachige Geschichten greifen dieses Thema auf und schildern auf plastische Weise, wie sich Deutsche und Chinesen gegenseitig missverstehen können. Im Anschluss jeder Geschichte werden Gründe für den Unterschied und Verhaltenstipps in Form von Fragen und Antworten gegeben.

ISBN 978-3-940497-66-6, mit MP3-Audio-CD

Mutter und Sohn reisen nach China

Comic ab dem HSK 2

In 30 Comic-Geschichten begleitet der Leser eine Chinesin und ihren Sohn auf deren Reise nach China zu den Großeltern. Dort treffen sie Verwandte, gehen einkaufen oder essen, machen Ausflüge oder spielen zusammen. Die Geschichten illustrieren plastisch das Leben im aktuellen China. Die Dialoge sind in lebensnahem Alltagschinesisch gehalten.

ISBN 978-3-940497-74-1

Wir singen auf Chinesisch

Kinderlieder auf Deutsch, Chinesisch und Pinyin

Das Buch stellt die 20 bekanntesten deutschen Kinderlieder auf Deutsch und Chinesisch vor. Eine Doppelseite umfasst dabei jeweils das Original und die chinesische Übertragung. Die Lieder sind inhaltsgetreu ins Chinesische übersetzt und die Reime an die deutsche Melodie angepasst. Alle chinesischen Texte sind in Schriftzeichen und Pinyin angegeben, damit auch Anfänger die Strophen lesen und singen können.

ISBN 978-3-940497-76-5

Intensives Hörtraining Chinesisch

Grundstufe 1 / Grundstufe 2

Hörverständnis im Sprachtempo eines Muttersprachlers: In 17 Lektionen aus den Bereichen Einkaufen, Telefonieren, Ortsbeschreibungen und Farben sowie Handlungen in der Vergangenheit und Verlaufsform wird intensiv das Hörverständnis trainiert. Das Produkt kann rein auditiv verwendet werden, alle Texte können aber auch in Schriftzeichen oder Pinyin mitgelesen werden. Es werden Kenntnisse des HSK 1 vorausgesetzt

ISBN 978-3-940497-53-6, 978-3-940497-60-4

Schriftlicher Vokabeldrill Chinesisch

HSK 1 / HSK 2

Lernen durch tägliche Wiederholung: Über einen Zeitraum von 51 Tagen werden die Vokabeln des HSK gelernt und wiederholt. Neue Vokabeln werden mit Schreibung der Schriftzeichen und der Aussprache in Pinyin eingeführt und anschließend intensiv geübt. Intensivierungstage wiederholen nochmals die vergangenen Tage. Am Ende des Buches sind alle Vokabeln alphabetisch aufgeführt.

ISBN 978-3-940497-65-9, 978-3-940497-79-6